Nicolas Wolz

Die deutschen Kaiser im Frankfurter Römer

Von Karl dem Großen bis Franz II.

SOCIETÄTS**VERLAG**

Alle Rechte vorbehalten • Societäts-Verlag
© 2009 Frankfurter Societäts-Druckerei GmbH
Umschlaggestaltung: Katja Holst, Frankfurt am Main
Satz: Nicole Proba, Societäts-Verlag
Foto Seite 10/11: Kristina Ahrens
Druck und Verarbeitung: Messedruck Leipzig GmbH
Printed in Germany 2009
ISBN 978-3-7973-1126-9

Inhaltsverzeichnis

Vorwort 7

Karl der Große. 768 – 814   12
Ludwig der Fromme. 814 – 840   14
Ludwig der Deutsche. 840 – 876   16
Karl der Dicke. 876 – 887   18
Arnulph. 887 – 899   20
Ludwig das Kind. 900 – 911   22
Konrad der Erste. 911 – 918   24
Heinrich der Erste. 919 – 936   26
Otto der Große. 936 – 973   28
Otto der Zweite. 973 – 983   30
Otto der Dritte. 983 – 1002   32
Heinrich der Zweite. 1002 – 1024   34
Konrad der Zweite. 1024 – 1039   36
Heinrich der Dritte. 1039 – 1056   38
Heinrich der Vierte. 1056 – 1106   40
Heinrich der Fünfte. 1106 – 1125   42
Lothar von Supplinburg. 1125 – 1137   44
Konrad der Dritte. 1138 – 1152   46
Friedrich der Erste. 1152 – 1190   48
Heinrich der Sechste. 1190 – 1197   50
Philipp von Schwaben. 1197 – 1208   52
Otto der Vierte. 1197 – 1215   54
Friedrich der Zweite. 1215 – 1250   56
Rudolf von Habsburg. 1273 – 1291   58
Adolf von Nassau. 1292 – 1298   60

Albrecht der Erste. 1298 – 1308	62
Heinrich der Siebente. 1308 – 1313	64
Friedrich der Schöne. 1314 – 1330	66
Ludwig der Bayer. 1314 – 1347	68
Karl der Vierte. 1347 – 1378	70
Günther von Schwarzburg. 1349	72
Wenzel. 1378 – 1400	74
Ruprecht von der Pfalz. 1400 – 1410	76
Siegmund. 1410 – 1437	78
Albrecht der Zweite. 1437 – 1439	80
Friedrich der Dritte. 1440 – 1493	82
Maximilian der Erste. 1493 – 1519	84
Karl der Fünfte. 1519 – 1556	86
Ferdinand der Erste. 1556 – 1564	88
Maximilian der Zweite. 1564 – 1576	90
Rudolf der Zweite. 1576 – 1612	92
Mathias. 1612 – 1619	94
Ferdinand der Zweite. 1619 – 1637	96
Ferdinand der Dritte. 1637 – 1657	98
Leopold der Erste. 1657 – 1705	100
Joseph der Erste. 1705 – 1711	102
Karl der Sechste. 1711 – 1740	104
Karl der Siebente. 1742 – 1745	106
Franz der Erste. 1745 – 1765	108
Joseph der Zweite. 1765 – 1790	110
Leopold der Zweite. 1790 – 1792	112
Franz der Zweite. 1792 – 1806	114
Literaturverzeichnis	116

Vorwort

Am 3. April 1764 wurde der Habsburger Joseph II. im Frankfurter Dom zum deutschen König gekrönt. Damit war er zugleich „Erwählter Kaiser" des Heiligen Römischen Reiches Deutscher Nation. Die ganze Stadt war auf den Beinen, um mit etwas Glück einen Blick auf den Monarchen und sein Gefolge zu erhaschen – zumindest aber ein Stück von dem fetten Ochsen, der auf dem Römerberg für das Volk gebraten wurde. Unter den Schaulustigen war auch der junge Goethe, der das Spektakel von einem Fenster des Rathauses aus beobachtete. In seinem autobiografischen Werk „Dichtung und Wahrheit" beschreibt er, wie der prächtige Zug der Majestäten und Fürsten vom Dom kommend am Römer eintrifft und Joseph II. sich zunächst gemeinsam mit seinem Vater, dem alten Kaiser Franz, auf einem Balkon des Rathauses der jubelnden Menge zeigt. Den damals kaum 15 Jahre alten Dichter interessierte freilich mehr, was danach passierte: „Jedermann wusste nun, dass Kaiser und König aus dem Kabinett, wohin sie vom Balkon abgetreten, sich wieder hervorgeben und in dem großen Römersaale speisen würden. Man hatte die Anstalten dazu Tages vorher bewundern können, und mein sehnlichster Wunsch war, heute womöglich nur einen Blick hinein zu tun." Goethe hatte Glück: Einer der Bediensteten schleuste ihn in den Saal, und so konnte er staunend beobachten, wie „auf Thronstufen erhöht, unter Baldachinen, Kaiser und König in ihren Ornaten" saßen, hinter sich auf goldenen Kissen die Reichsinsignien Krone und Szepter.

Goethe konnte nicht ahnen, dass das, was er an jenem Tag zu sehen bekam, der Glanz einer dem Untergang geweihten Welt war. Nur vierzig Jahre später legte Franz II., der letzte römisch-deutsche Kaiser, seine Krone für immer nieder. Eintausend Jahre deutscher Reichsgeschichte waren damit zu Ende, und in den Zeitgenossen wuchs schon bald der Wunsch, dieser ruhmreichen Epoche ein würdiges Denkmal zu setzen. Welcher Ort aber konnte dafür besser geeignet sein als Frankfurt, die Stadt, in der seit Barbarossas Zeiten die Kurfürsten zusammengekommen waren, um einen neuen Herrscher zu wählen und ihm (seit 1562) auch gleich die Krone des Reichs aufs Haupt zu setzen? 1838 begann der Frankfurter Senat, den einstigen Festsaal des Rathauses mit 52 lebensgroßen Ölporträts aller Herrscher von Karl dem Großen bis Franz II. zu schmücken. 1853 traf das letzte der bei deutschen und österreichischen Künstlern in Auftrag gegebenen Bilder in Frankfurt ein – die Ehrenhalle der deutschen Kaiser war komplett.

Dabei waren gar nicht alle deutschen Könige auch Kaiser gewesen, denn dazu war im Mittelalter die Krönung durch den Papst erforderlich. Und längst nicht alle Monarchen hätten sich selbst als „deutsch" bezeichnet; die meisten sahen sich in erster Linie als Franken, Sachsen, Schwaben Bayern – und als „römische" Kaiser in der Nachfolge der antiken Imperatoren. Doch diese feinen Unterschiede spielten im Überschwang deutschen Nationalgefühls keine Rolle. Auch nicht in dem Buch „Die deutschen Kaiser" des ehemaligen badischen Offiziers Max Barack, das 1888 im Stuttgarter Verlag Thienemann erschien. Es bot neben Zeichnungen der Frankfurter Kaiserporträts kurze, gereimte Lebensbeschreibungen der einzelnen Monarchen und erreichte mehrere Auflagen.

Heute, 120 Jahre später, ist der Römer noch immer das Rathaus und die „gut Stubb" der Stadt Frankfurt, der Kaisersaal einer ihrer wichtigsten Repräsentationsräume und eine touristische Attraktion ersten Ranges. Grund genug, einen aktuellen Wegweiser durch die dort versammelten eintausend Jahre deutscher Geschichte zu bieten, der die historisierenden Illustrationen aus Baracks Buch (einschließlich der damals üblichen Schreibweisen und Datierungen) verbindet mit modernen Kurzbiographien der einzelnen Herrscher. Auf dass Goethes Wunsch, „einen Blick hinein zu tun" in die Welt der Könige und Kaiser, einmal mehr in Erfüllung gehe.

Frankfurt am Main, im Dezember 2008
Nicolas Wolz

Karl der Große. 768—814.

Mit ihm fing alles an: Als Karl der Große am Weihnachtstag des Jahres 800 in Rom von Papst Leo III. zum Kaiser gekrönt wurde, begründete er damit die tausendjährige Geschichte des ersten deutschen Kaiserreiches. Karls Vater Pippin war noch Hausmeier des altfränkischen Adelsgeschlechts der Merowinger gewesen, ehe er diesen die Herrschaft über das Frankenreich entriss. Karl gelang es, das Erbe des Vaters zu erweitern und langfristig zu sichern. Jahrzehntelang führte er Krieg: im Süden gegen die Langobarden, im Westen gegen die Sarazenen und im Nordosten gegen die Sachsen. Sie leisteten am erbittertsten Widerstand, der erst nach vielen Feldzügen und durch brutale Gewalt gebrochen werden konnte. Auf dem Höhepunkt seiner Macht erstreckte Karls Einflussgebiet sich von der Nordsee bis nach Mittelitalien, von den Pyrenäen bis ins heutige Ungarn. Seit dem Untergang des Römischen Reiches hatte es kein solch gewaltiges Imperium mehr gegeben. Kein Wunder, dass Karl sich als Nachfolger der römischen Cäsaren verstand und als *Augustus Imperator* sogar deren Titel annahm. Doch der erste „römisch-deutsche" Kaiser war nicht nur ein erfolgreicher Feldherr und geschickter Stratege, sondern wendete auch viel Zeit und Mühe daran, sein Reich im Innern neu zu ordnen. So vereinheitlichte Karl etwa die Verwaltung, indem er das Gebiet in Grafschaften einteilte, die von königlichen Amtsträgern, germanisch: grafio, regiert wurden. Er reformierte die Rechtsprechung und das Gerichtswesen, stärkte die Stellung der Kirche und förderte Kunst, Literatur und Architektur. Seinen Hofstaat machte er zu einem Zentrum von Wissenschaft und Bildung, gründete Klosterschulen und unterstützte das Lesen und Schreiben. Der „Vater Europas", wie Karl auch genannt wird, starb am 28. Januar 814 im Alter von 66 Jahren in seiner Aachener Pfalz. Dort wurde er auch beigesetzt.

Ludwig der Fromme. 814—840.

Der Sohn Karls des Großen übernahm von seinem Vater nicht nur ein riesiges Reich, sondern auch die Verantwortung, die noch junge Herrschaft der Karolinger zu festigen. Dabei stand Ludwig vor einem schwerwiegenden Problem: Laut karolingischem Hausrecht hatten alle Söhne eines Herrschers gleichen Anspruch auf das väterliche Erbe. Nun aber gab es ja die römische Kaiserkrone, die sich Karl der Große am Weihnachtstag des Jahres 800 aufs Haupt gesetzt hatte – und die konnte nur einer tragen. Nach Karls Tod war das selbstverständlich der 778 geborene Ludwig gewesen, dessen Brüder früh gestorben waren. Da Ludwig, selber Vater von drei Söhnen, nicht darauf hoffen konnte, dass sich die Erbfrage auch in der nächsten Generation sozusagen von selbst lösen würde, machte er sich schon bald nach seiner Thronbesteigung daran, eine neue Regelung zu finden. Sein Plan, die sogenannte *Ordinatio imperii*, sah vor, mit dem Brauch der gleichberechtigten Teilung zu brechen und dem erstgeborenen Sohn Lothar die Kaiserwürde zu vererben. Bereits 817 erhob Ludwig ihn zum Mitkaiser. Die beiden jüngeren Brüder Lothars, Pippin und Ludwig, erhielten zum Ausgleich Aquitanien und das östliche Reichsgebiet. Doch dann kam alles anders: Seine zweite Frau Judith gebar Ludwig dem Frommen einen weiteren Sohn, Karl den Kahlen. Für diesen wollte er auf Kosten der anderen Söhne ein neues Teilreich schaffen. Lothar und seine Brüder erklärten daraufhin dem Vater 833 den Krieg, besiegten ihn und zwangen ihn zur Abdankung. Ein Jahr später brachte ein Streit unter den Söhnen ihn noch einmal zurück an die Macht. Dem Reich die erhoffte Stabilität zu geben, blieb ihm dennoch versagt. Als Ludwig der Fromme, dessen Grab in Metz während der Französischen Revolution zerstört wurde, am 20. Juni 840 bei Ingelheim starb, war völlig unklar, wie seine Nachfolge aussehen sollte.

Ludwig der Deutsche. 840—876.

Seine Krone musste der Enkel Karls des Großen sich in einem Bruderkrieg erstreiten. Nach dem Tod seines Vaters Ludwigs des Frommen kämpfte Ludwig der Deutsche gemeinsam mit seinem Stiefbruder Karl dem Kahlen gegen seinen älteren Bruder Kaiser Lothar I. um die Herrschaft im Fränkischen Reich. Höhepunkt der unrühmlichen Auseinandersetzungen war 841 die Schlacht von Fontenoy, in der, wie ein Augenzeuge berichtete, „der Bruder dem Bruder den Tod gab, der Onkel dem Neffen, der Sohn dem Vater". Im Vertrag von Verdun legten die Brüder zwei Jahre später schließlich fest, dass jeder Reichsteil denselben Wert haben sollte. Lothar I. erhielt das Mittelreich (Italien, die Provence, einen Teil Burgunds, das Elsass und Lothringen); er durfte auch den Kaisertitel weiterführen. Karl der Kahle bekam den Westen (das heutige Frankreich), Ludwig der Deutsche den Teil östlich des Rheins mit Bayern, Alemannien, Rheinfranken und Sachsen sowie die linksrheinischen Bistümer Mainz, Worms und Speyer. Damit war eine Ordnung gefunden, in der sich bereits die nachmaligen Grenzen zwischen Westfranken und Ostfranken abzeichneten – zumal das Mittelreich Lothars später dem ostfränkischen Reichsgebiet zugeschlagen werden sollte. Erst dann geriet auch die römische Kaiserkrone wieder in Reichweite des ostfränkischen Königs. Einstweilen war sie dem Herrscher des Mittelreiches vorbehalten, der zugleich König von Italien war. Doch auch wenn Ludwig der Deutsche nie die Kaiserkrone Karls des Großen trug, bleibt er doch eine machtvolle Herrscherfigur – und der erste „eigene" König der Länder und Stämme, aus denen später „Deutschland" hervorging. Er starb, vermutlich siebzig Jahre alt, am 28. August 876 in Frankfurt am Main. Bestattet wurde er im Kloster Lorsch, wo sein Sohn Ludwig der Jüngere eine Gruftkirche für die Familie errichten ließ.

Karl der Dicke. 876—887.

Er war einer von drei Söhnen des ostfränkischen Königs Ludwigs des Deutschen. Nach dem Tode seines Vaters übernahm er 876 die Herrschaft in Alemannien, dem Elsass und in Churrätien. Obwohl seine Brüder Ludwig der Jüngere und Karlmann eher dazu bestimmt schienen, als Nachfolger ihres Vaters Bedeutendes zu leisten, erlangte der 839 geborene Karl in den folgenden Jahren durch mehrere dynastische Zufälle eine außerordentliche Machtfülle. Zunächst übertrug ihm sein Bruder Karlmann 879 die Herrschaft über Italien, die ihm selbst erst kurz zuvor unverhofft zugefallen war. Damit war zum ersten Mal seit der Reichsteilung von Verdun für einen ostfränkischen Herrscher wieder der Weg frei zur Kaiserkrone Karls des Großen. Karl der Dicke zögerte nicht, die Chance zu nutzen: 881 ließ er sich von Papst Johannes VIII. im Petersdom zum römischen Kaiser krönen. Ein Jahr darauf starb sein Bruder Ludwig der Jüngere, und Karl übernahm die Herrschaft im gesamten Ostfrankenreich. Schließlich wurde er nach dem Tod des westfränkischen Königs 885 auch dort zum Herrscher ausgerufen. Das war eine Sensation: Das Reich Karls des Großen wieder vereint in der Hand eines Monarchen! Allerdings war diese Einheit nur von kurzer Dauer. Die Fußstapfen seines Urgroßvaters erwiesen sich als zu groß für Karl. Mit seinem Machtbereich wuchsen auch die Probleme, die es zu lösen galt. Vor allem im Kampf gegen die das Reich beständig heimsuchenden Wikinger versagte er so kläglich, dass der Chronist Regino von Prüm ihm das vernichtende Zeugnis ausstellte: „Nicht würdig kaiserlicher Majestät." Im November 887 putschte sein Neffe Arnulf von Kärnten gegen ihn und zwang ihn zur Abdankung. Schwerkrank – er litt vermutlich an Epilepsie – zog Karl sich nach Neudingen bei Donaueschingen zurück. Dort starb er am 13. Januar 888; begraben wurde er auf der Insel Reichenau.

Arnulph. 887—899.

Geboren um 850 in Regensburg als unehelicher Sohn des ostfränkischen Teilkönigs Karlmann, der über Bayern und kurzzeitig auch über Italien herrschte, hatte er zunächst schlechte Aussichten, nach dem Tod seines Vaters dessen Erbe antreten zu können. Tatsächlich erhob, als es 880 so weit war, Arnulfs Onkel Ludwig der Jüngere Anspruch auf Bayern. Italien hatte bereits im Jahr zuvor Arnulfs anderer Onkel Karl der Dicke von Karlmann erhalten. Als Ludwig der Jüngere wenig später starb, ging Arnulf wiederum leer aus – Karl der Dicke erbte nun auch Bayern. Zähneknirschend musste Arnulf die neuerliche Zurücksetzung hinnehmen. Doch sein Einfluss wuchs, nicht nur in Kärnten, wo er seit 876 als Markgraf und später als Herzog regierte, sondern auch in Bayern. 887 fühlte er sich stark genug, den Aufstand gegen seinen Onkel zu wagen. Mit Unterstützung der Fürsten zwang er Karl den Dicken zur Abdankung und ließ sich selbst zum ostfränkischen König wählen. Dass er der richtige Mann auf dem Thron war, bewies er vor allem durch seine Erfolge auf dem Schlachtfeld: 891 errang er bei Löwen im heutigen Belgien einen glänzenden Sieg gegen die Normannen, die das Ostfränkische Reich fortan nicht mehr heimsuchten. Im Osten verteidigte er die Reichsgrenze gegen Swatopluk von Mähren. Die nach dem Tode Karls des Dicken verloren gegangene Herrschaft über Italien eroberte er nach langen Kämpfen zuerst 894 und dann noch einmal 896 zurück. Im selben Jahr wurde Arnulf von Kärnten von Papst Formosus im Petersdom zum römischen Kaiser gekrönt. Er war der letzte König aus dem Haus der Karolinger, dem diese Ehre zuteilwurde. Zeit, sein Kaisertum mit Taten zu füllen, blieb ihm allerdings kaum. Arnulf von Kärnten starb am 8. Dezember 899 an den Folgen eines Schlaganfalls. Seine letzte Ruhestätte fand er im Kloster St. Emmeram in Regensburg.

Ludwig das Kind. 900—911.

„Wehe Dir, Land, dessen König ein Kind ist": Bischof Salomo von Konstanz, Staatsmann und Kirchenfürst, machte sich keine Illusionen darüber, was nach dem Tod Kaiser Arnulfs von Kärnten auf das Reich zukam. Erst sechs Jahre alt war dessen Sohn Ludwig, als er seinem Vater auf den ostfränkischen Königsthron folgen musste. Da er noch nicht imstande war, selbst die Regierungsgeschäfte zu führen, standen ihm einflussreiche Berater zur Seite. Unter ihnen ragten die Bischöfe Hatto von Mainz und ebenjener Salomo von Konstanz hervor. Sie hatten zunächst den äußeren Gefahren entgegenzutreten, die vor allem in Gestalt der Ungarn, aber auch der Normannen das Reich bedrohten. Nachdem schon Markgraf Luitpold von Bayern 907 vor Pressburg eine vernichtende Niederlage gegen die Ungarn erlitten hatte, scheiterte auch der nächste Feldzug unter Ludwigs Führung drei Jahre später: Sein Heer wurde auf dem Lechfeld fast vollständig aufgerieben. Der Höhepunkt der ungarischen Gefahr war damit freilich noch nicht erreicht – in den folgenden Jahrzehnten sollte alles noch schlimmer werden. Nicht viel besser sah es im Innern des Reichs aus: Dort lieferten sich die rivalisierenden Adelshäuser der Babenberger, die im östlichen Franken zu Hause waren, und der Konradiner, Herren im Lahngau, der Wetterau und am Mittelrhein, einen erbitterten Kampf um Macht und Einfluss. Die mit der Familie Arnulfs von Kärnten verwandten Konradiner behielten am Ende die Oberhand in diesem blutigen Ringen. Ludwigs Neffe Konrad der Jüngere wurde Herzog von Franken und Ratgeber am königlichen Hof. Als Ludwig das Kind, der wie sein Vater im Regensburger Kloster St. Emmeram bestattet wurde, im September 911 im Alter von erst 18 Jahren in Frankfurt am Main starb, folgte Konrad ihm auf den Thron. Damit erlosch die Linie der karolingischen Herrscher im Ostfränkischen Reich.

Konrad der Erste. 911—918.

Als Erster und Einziger aus dem Geschlecht der Konradiner schaffte er es auf den ostfränkischen Königsthron, zugleich war er der letzte Herrscher fränkischer Abstammung. Konrads Aufstieg begann, als er sich im Kampf mit dem rivalisierenden Haus der Babenberger um die Macht im Herzogtum Franken durchsetzen konnte. Als Ratgeber am königlichen Hof gewann er danach großen Einfluss auf König Ludwig das Kind. Als Ludwig 911 im Alter von 18 Jahren starb, wählten die ostfränkischen Großen den etwa 30 Jahre alten Konrad zu seinem Nachfolger. Wenig verlockend erschien ihnen offenbar die Alternative, sich dem westfränkischen Herrscher Karl dem Einfältigen unterzuordnen. Die Erhebung Konrads war ein fast revolutionärer Akt: Erstmals regelte nicht das Erbrecht die Thronfolge, sondern die freie Wahl. Zugleich wollte sich das Ostfrankenreich mit der Entscheidung gegen Karl den Einfältigen, einen Nachkommen Karls des Großen, bewusst aus der dynastischen Bindung an die Karolinger lösen. Der Herzog von Lothringen, das seit einiger Zeit zum Ostreich gehörte, sah das anders und schlug sich auf die Seite des westfränkischen Königs. Konrads Versuche, das abtrünnige Gebiet mit Waffengewalt zurückzuerobern, schlugen fehl. Auch die nach mehr Macht strebenden Herzöge im eigenen Land zwangen den König immer wieder zum Einsatz militärischer Mittel, ebenso die das Reich seit Jahren bedrängenden Ungarn. Der Herrscher, der so viele Feldzüge zu führen hatte, erlag schließlich am 23. Dezember 918 in Weilburg den Verletzungen, die er im Kampf gegen die Bayern und Schwaben davongetragen hatte. Bestattet wurde er im Kloster Fulda. Wie schon sein Aufstieg barg auch sein Ende etwas Neues: Zu seinem Nachfolger bestimmte Konrad nicht etwa seinen Bruder Eberhard, sondern den Mann, dem er die Führung des Reichs am ehesten zutraute: Herzog Heinrich von Sachsen.

Heinrich der Erste. 919—936.

Er war der Mann, „den die ganze Welt benötigte". So jedenfalls beschrieb der Chronist Widukind von Corvey den Wechsel von dem zwar tüchtigen, aber glücklosen Konradiner Konrad zu Heinrich, dem mächtigen Herzog der Sachsen aus dem Haus der Liudolfinger. In der Tat war die Wahl Heinrichs zum ostfränkischen König im Mai 919 ein epochales Ereignis, wenn man bedenkt, dass kaum mehr als hundert Jahre zuvor die Sachsen von Karl dem Großen noch blutig niedergeworfen worden waren. Der neue Herrscher erwies sich als ein ebenso geschickter Politiker wie glänzender Militärführer. Im Innern sicherte er sich die Zustimmung zu seiner Herrschaft, indem er die Herzöge von Franken, Bayern, Schwaben und Lothringen in ihren Ländern wie kleine Könige regieren ließ und sich selbst lediglich als „Primus inter Pares" darstellte. Heinrichs größter außenpolitischer Erfolg war ohne Zweifel die Abwehr der gefürchteten Ungarn, deren marodierende Horden seit vielen Jahren Angst und Schrecken im Volk verbreiteten und die er 933 an der Unstrut vernichtend schlug. Dieser lang ersehnte Sieg festigte die Machtposition des Königs wie kaum etwas sonst und förderte zugleich die innere Einheit des Reichs. In der nationalen Geschichtsschreibung des 19. Jahrhunderts wurde Heinrich deshalb oft als „Schöpfer des deutschen Volkes" bezeichnet – auch wenn es seinen Zeitgenossen noch fernlag, sich als Deutsche zu begreifen. Um seiner Familie die Herrschaft zu sichern, bestimmte Heinrich 929 seinen Sohn Otto zum alleinigen Erben des Königstitels. Er überwand damit die bis dahin übliche Erbteilung unter allen Söhnen. Das Königtum sollte fortan unteilbar sein, und ebenso das Reich. Heinrich I., dessen Leidenschaft die Jagd mit Vögeln war, starb am 2. Juli 936 im Alter von sechzig Jahren in seiner Pfalz Memleben und wurde in der Quedlinburger Stiftskirche beigesetzt.

Otto der Große. 936—973.

Otto der Große, wie der Sohn Heinrichs I. schon bald genannt werden sollte, war ohne Zweifel einer der bedeutendsten Herrscher des deutschen Mittelalters. Die Machtposition, die ihm sein Vater durch die sogenannte Individualsukzession (ein Sohn allein erbt die Königswürde und das Reich) geschaffen hatte, war enorm. Otto, geboren 912, nutzte seine lange Regierungszeit dazu, sie zu festigen und weiter auszubauen. Es gelang ihm, den neuartigen Gedanken von der Unteilbarkeit des Königtums so mit Leben zu füllen, dass im Bewusstsein der Zeitgenossen etwas anderes bald nicht mehr vorstellbar war. Zugleich legte er Wert darauf, kein gewöhnlicher Mensch zu sein, sondern in einer besonderen Beziehung zu Gott zu stehen. Um sich gegen seine zahlreichen Feinde, darunter seine eigenen bei der Thronfolge übergangenen Brüder, durchzusetzen, bedurfte es aber mehr als dieser sorgsam gepflegten sakralen Aura. Es brauchte vor allem militärische Erfolge, wie zum Beispiel den großen Sieg über die Ungarn auf dem Lechfeld bei Augsburg 955, der Otto den Nimbus eines Retters der Christenheit verlieh. Nicht zufällig wurde die Kirche fortan zur wichtigsten Stütze seiner Königsmacht. Mit ihrer Hilfe machte der König sich auch daran, den slawischen Osten zu kolonisieren und zum christlichen Glauben zu bekehren. Nachdem Otto 961 Italien erobert hatte, ließ er sich ein Jahr später in Rom von Papst Johannes XII. zum römischen Kaiser krönen. Von nun an sollte die Kaiserwürde fest mit dem ostfränkisch-deutschen Königtum verbunden bleiben. Mit dem Papst überwarf der neue Kaiser sich indes schon bald und ließ ihn von einer Synode absetzen – und eine lange Geschichte von Rangkonflikten zwischen Papst und Kaiser nahm ihren Anfang. Nach fast 40 Jahren auf dem ostfränkischen Thron starb Otto der Große am 7. Mai 973 in Memleben. Seine letzte Ruhestätte fand er im Magdeburger Dom.

Otto der Zweite. 973—983.

Kaum sieben Jahre alt war der Sohn Ottos des Großen, als er 961 zum Mitkönig gewählt und kurz darauf in Aachen gekrönt wurde. Sechs Jahre später machte ihn Papst Johannes XIII. in Rom sogar zum Mitkaiser an der Seite seines Vaters. Indem er früh einen Nachfolger bestimmte, suchte Otto der Große die Herrschaft seines Hauses über seinen Tod hinaus zu sichern – keinesfalls wollte er die Entscheidung darüber den Fürsten und Bischöfen im Reich überlassen. Der junge Otto sollte auch helfen, ein drängendes außenpolitisches Problem zu lösen, nämlich den Konflikt zwischen dem ostfränkischen König und römischen Kaiser und dem Herrscher von Byzanz, der sich ebenfalls als Nachfolger der römischen Cäsaren begriff. Statt auf militärische Konfrontation setzte Otto der Große auf eine geschickte Heiratspolitik. Er schickte Erzbischof Gero von Köln nach Konstantinopel, um eine byzantinische Prinzessin als Frau für Otto II. zu suchen. Der Bischof fand Theophanu, eine Nichte des Kaisers von Byzanz. 972 heiratete sie den jungen Otto. Ein Jahr später war Otto der Große tot und Otto II. alleiniger Herrscher des Ostfränkischen Reiches. Seine Regierung war, obwohl so gründlich vorbereitet, nicht unumstritten. Besonders Ottos Vetter, der bayerische Herzog Heinrich der Zänker, entpuppte sich als zäher Gegner, musste sich aber schließlich dem Kaiser unterwerfen. Wechselndes Kriegsglück bestimmte auch die äußere Politik Ottos. Während er sich in einem Erbstreit gegen das Westfränkische Reich durchsetzen konnte, erlitt er in Italien eine empfindliche Niederlage gegen die Sarazenen. Durch einen großen Slawenaufstand im Jahr 983 ging zudem das ostelbische Reichsgebiet verloren. Kurz darauf, am 7. Dezember 983, starb der erst 30 Jahre alte Otto II. in Rom. Dort ist er als einziger römisch-deutscher Kaiser des Mittelalters im Petersdom beigesetzt.

Otto der Dritte. 983—1002.

Als er am Weihnachtstag des Jahres 983 in Aachen zum König gekrönt wurde, war sein Vater Otto II. bereits seit fast drei Wochen tot. Doch das wussten die in Aachen versammelten Fürsten noch nicht. Erst kurz nach den Krönungsfeierlichkeiten traf die Todesnachricht aus Rom ein und „machte dem Freudenfest ein Ende", wie ein Chronist zu berichten wusste. Um die Herrschaft des drei Jahre alten Knaben zu sichern, verbündete sich dessen Mutter, die byzantinische Prinzessin Theophanu, mit ihrer Schwiegermutter Adelheid, der Witwe Ottos des Großen. Probleme gab es genug: Nicht nur meldete der bayerische Herzog Heinrich der Zänker Ansprüche auf den Königsthron an. Auch in Italien und im Osten des Reichs geriet die ottonische Herrschaft ins Wanken. Mit Geschick und Fortune schafften es die beiden Frauen, die Krisen zu meistern und die politische Lage zu stabilisieren. Als Otto vierzehn Jahre alt war, traf er seine ersten unabhängigen Entscheidungen. Endgültig zum Alleinherrscher wurde er, als ihn 996 Papst Johannes XV. gegen den römischen Stadtpräfekten Crescentius zu Hilfe rief. Als der König in der Stadt eintraf, war der Papst tot. Nun setzte Otto seinen Vetter Brun auf den Heiligen Stuhl. Dieser wurde als Gregor V. zum ersten „deutschen" Papst. Am Himmelfahrtstag 996 krönte er Otto zum Kaiser. Kaum ein Jahr später gelangte Crescentius wieder an die Macht, vertrieb Gregor und setzte einen Gegenpapst ein. Für Otto war das der Anlass zu einem grausamen Rachefeldzug. Er kehrte nach Rom zurück und ließ alle seine Gegner töten oder verstümmeln. Der erzwungene Frieden währte indes nicht lange. Die Römer erhoben sich gegen den verhassten Kaiser, Otto musste fliehen. Kaum 22 Jahre alt, starb er am 23. oder 24. Januar 1002 in Paterno am Monte Soratte. Sein Leichnam wurde nach Aachen gebracht und im Dom beigesetzt.

Heinrich der Zweite. 1002—1024.

Der 973 oder 978 geborene bayerische Herzog entstammte zwar wie seine Vorgänger dem Haus der Liudolfinger, war aber genau genommen kein „Ottone". Daher war es alles andere als selbstverständlich, dass Heinrich als Nachfolger Ottos III. zum ostfränkischen König erhoben wurde. Zumal auch andere mächtige Fürsten Ansprüche auf den Thron anmeldeten. Mit großer Zähigkeit, auch Rücksichtslosigkeit gelang es Heinrich, sich gegen seine Rivalen durchzusetzen. Einflussreiche Verbündete unterstützten ihn, allen voran Erzbischof Willigis von Mainz. Er war es auch, der Heinrich am 7. Juni 1002 in Mainz salbte und krönte – und die düpierte Konkurrenz vor vollendete Tatsachen stellte. Auf einem „Reichsumritt" holte der neue König sich anschließend die Anerkennung der Unterlegenen. In einer Bulle ließ er die Devise seiner Herrschaft verkünden: *Renovatio regni Francorum*, die „Erneuerung der Herrschaft der Franken". Heinrich sah sich selbst als Verwalter Gottes auf Erden und seinen heiligen Auftrag darin, das Reich zum „Haus Gottes" zu machen. Sein sakral untermauerter Herrschaftsanspruch war absolut: Er allein bestimmte über die Besetzung aller hohen Ämter, auch der kirchlichen. Das rief Widerstand hervor, und mehr als einmal musste der König gegen die Fürsten seines Reiches ins Feld ziehen. Zu seinem ärgsten Feind avancierte freilich der polnische Fürst Boleslaw, der sich ebenfalls als von Gott erwählt betrachtete. Da Heinrich den Polen militärisch nicht besiegen konnte, verglich er sich schließlich mit ihm. Dagegen interessierten Italien und das Kaisertum ihn zunächst kaum. Seit seinem ersten Italienfeldzug 1004 führte Heinrich zwar den Titel „König der Langobarden", Kaiser wurde er aber erst zehn Jahre später. Heinrich II. starb am 13. Juli 1024 in Grona bei Göttingen und wurde im Dom des von ihm begründeten Bistums Bamberg beigesetzt.

Konrad der Zweite. 1024—1039.

Nach dem Tod Heinrichs II. erfüllte der um 990 geborene Salier Konrad als einziger Kandidat die Bedingungen, auf die es einem Teil der ostfränkischen Großen bei der Wahl eines neuen Königs ankam: Er entstammte einem mächtigen und angesehenen Haus, dessen Kerngebiet die Gegend um Worms und Speyer war, er war reich, und – auch das ein wichtiges Kriterium – seine Frau Gisela hatte ihm bereits einen Stammhalter geboren. Außerdem hofften die Fürsten nicht ganz zu Unrecht, unter Konrad wieder mehr Einfluss auf die Reichspolitik gewinnen zu können, nachdem ihre Rechte von seinem Vorgänger stark beschnitten worden waren. Nach seiner Wahl wurde Konrad am 8. September 1024 im Mainzer Dom gesalbt und zum König gekrönt. Nicht alle Großen waren mit dem neuen Mann einverstanden. Doch Konrad gelang es, auf dem obligatorischen „Reichsumritt" auch die Zustimmung der Skeptiker zu gewinnen. Weniger Kooperative, wie seinen Stiefsohn Herzog Ernst II. von Schwaben, besiegte er auf dem Schlachtfeld. Keine zwei Jahre nach seiner Wahl wurde Konrad König von Italien, und wiederum ein Jahr danach krönte Papst Johannes XIX. ihn in Rom zum Kaiser. Etwa ein Fünftel seiner Herrschaftszeit verbrachte er in Italien. Nach Burgund, dessen König er 1033 wurde, zog es ihn dagegen kaum. Das Ostfränkische Reich bestand nun aus drei Teilen: Ostfranken („Deutschland"), Italien und Burgund. Ein gewaltiges Gebiet, dessen Grenzen ständig bedroht waren und das nur durch militärische Gewalt zusammengehalten werden konnte. Konrad hatte sich vor allem mit den Polen auseinanderzusetzen, die einen im Jahre 1018 geschlossenen Frieden brechen wollten. In mehreren Feldzügen gelang es ihm, sie zur Anerkennung seiner Vormachtstellung zu zwingen. Der an Gicht leidende Kaiser starb am 4. Juni 1039 in Utrecht. Beigesetzt wurde er im damals noch unvollendeten Dom zu Speyer.

Heinrich der Dritte. 1039—1056.

Keiner der Großen im Reich erhob Einwände, als der Sohn Konrads II. seinem verstorbenen Vater auf den ostfränkischen Thron folgte – immerhin als erster leiblicher Nachkomme seit mehr als vierzig Jahren. Die Machtfülle des kaum 22 Jahre alten Königs war von Beginn an immens, denn in den Jahren zuvor hatte Heinrich schon in den Herzogtümern Bayern und Schwaben sowie im Königreich Burgund regiert. Diese Erfahrung kam ihm nun zugute. Im Osten verhinderte Heinrich die Entstehung eines Großslawischen Reiches und zwang den polnischen Herzog Bretislaw I. von Böhmen, sich seiner Herrschaft zu unterwerfen. Auch die aufständischen Ungarn wies er vorerst in die Schranken. Im Innern seines Reiches verfolgte Heinrich dagegen zunächst eine konsequente Friedenspolitik. Demonstrativ vergab er allen seinen Feinden. Unterstützt wurde er von seiner zweiten Frau Agnes, einer südfranzösischen Fürstentochter, die dem König nicht nur sechs Kinder schenkte, sondern auch half, die Beziehungen zum benachbarten Westfrankenreich zu verbessern. Um sich gegen mächtige und hartnäckige Gegner wie etwa Herzog Gottfried von Oberlothringen durchzusetzen, halfen versöhnliche Gesten jedoch nicht viel. Hier mussten die Waffen sprechen. Eine harte Hand benötigte Heinrich auch bei der Neuordnung der Verhältnisse in Italien, die er 1046 in Angriff nahm. Seine Macht war zu diesem Zeitpunkt so groß, dass er es sich leisten konnte, ohne Rücksicht auf traditionelle Gepflogenheiten den Heiligen Stuhl mit Reichsbischöfen seiner Wahl zu besetzen. Als ersten erhob er an Weihnachten 1046 den Bischof von Bamberg als Clemens II. zum Papst. Der revanchierte sich, indem er Heinrich einen Tag später zum Kaiser krönte. Heinrich III. war erst 39 Jahre alt, als er am 5. Oktober 1056 in seiner Pfalz Bodfeld im Harz starb. Beigesetzt wurde er wie alle Salier im Speyrer Dom.

Heinrich der Vierte. 1056—1106.

Damals schier unvorstellbare fünfzig Jahre lang regierte der schon im Alter von sechs Jahren zum König gekrönte Heinrich das römisch-deutsche Reich. Weltgeschichte schrieb er, als er nach Canossa ging, um Papst Gregor VII., der ihn exkommuniziert hatte, um Vergebung zu bitten. Entzündet hatte sich der Streit zwischen weltlichem und geistlichem Herrscher an der Frage, wer das Recht besitze, Bischöfe in ihre kirchlichen Ämter und damit auch in ihre weltlichen Funktionen innerhalb der Reichsverwaltung einzusetzen. Als Heinrich sich weigerte, den Vorrang der Kirche anzuerkennen, erklärte Gregor den König für abgesetzt und verhängte den Kirchenbann über ihn – so etwas hatte es noch nie gegeben. Heinrich geriet in eine heikle Lage, denn einen von der Kirche geächteten König wollten die ostfränkischen Großen nicht dulden. So machte der König sich auf den beschwerlichen Weg über die verschneiten Alpen, um sich mit Gregor zu versöhnen. Im Januar 1077 erschien Heinrich im Büßergewand vor der Burg Canossa und erflehte mehrere Tage lang die päpstliche Gnade. Als diese ihm schließlich gewährt wurde, hatte er sich zwar erniedrigt wie noch kein Herrscher vor ihm, aber auch seine königliche Autorität zurückgewonnen. Einige Fürsten sahen das anders – und machten den Herzog von Schwaben zum Gegenkönig. Auch wenn der sich nicht durchsetzen konnte, geriet die Stellung Heinrichs, der 1084 von dem von ihm selbst zum Gegenpapst erhobenen Clemens III. zum Kaiser gekrönt wurde, immer wieder ins Wanken. Noch drei weitere Male wurde er exkommuniziert. Am Ende wandten sich sogar die eigenen Söhne von ihm ab und ergriffen Partei für den Papst. Der zum Mitkönig erhobene Sohn Heinrich V. zwang den Vater schließlich zur Abdankung. Heinrich IV. starb wenig später am 7. August 1106 in Lüttich. Er ruht in der Familiengruft der Salier im Dom zu Speyer.

Heinrich der Fünfte. 1106—1125.

Mit seinem Namen ist vor allem das Wormser Konkordat von 1122 verbunden, das den seit Jahrzehnten schwelenden Investiturstreit mit der römischen Kirche beendete. Diese Auseinandersetzung, bei der es um das Recht des Königs ging, die Bischöfe des Reichs zu ernennen, bestimmte schon Kindheit und Jugend des vermutlich 1086 geborenen Heinrich. Auch die Umstände seiner Machtübernahme waren davon geprägt: Aus Furcht, sein Vater Heinrich IV. könne im Konflikt mit dem Papst unterliegen und er, Heinrich, das sicher geglaubte Anrecht auf den Thron verlieren, zwang er den alten Kaiser Ende 1105 zur Abdankung. Zuvor hatte er sich der Unterstützung der Großen des Reichs und Papst Paschalis' II. versichert, dem er Gehorsam gelobte. Trotzdem blieb der Streit um die Investitur noch fast zwanzig Jahre lang ungelöst, denn einmal an der Macht, mochte Heinrich sich von seinem Recht nicht trennen. 1111 zog er nach Rom, um sich mit Paschalis zu einigen. Die Reise endete im Chaos. Am Ende nahm Heinrich den Papst gefangen, ließ sich von ihm das Investiturrecht garantieren und zwang Paschalis, ihn zum Kaiser zu krönen. Diese Gewaltpolitik führte zu heftigen Auseinandersetzungen mit den deutschen Fürsten. Erst recht, als Heinrich 1118 einen Gegenpapst in Rom einsetzte und dafür exkommuniziert wurde. Um einen Bürgerkrieg zu vermeiden, blieb dem Kaiser schließlich nichts anderes übrig, als eine Einigung mit dem Papst herbeizuführen. In Worms wurde ihre Vereinbarung besiegelt: Der Kaiser akzeptierte den Anspruch der Kirche auf die Investitur der Bischöfe und Äbte in ihr geistliches Amt. Im Gegenzug erhielt er das Recht, die gewählten Bischöfe und Äbte mit den weltlichen Besitzungen ihrer Kirchen zu belehnen. Drei Jahre nach dem Kompromiss von Worms, am 23. Mai 1125, starb Heinrich V. in Utrecht. Wie alle Salierkaiser wurde er im Dom zu Speyer begraben.

Lothar von Supplinburg. 1125—1137.

Seine Regierung war gewissermaßen das Bindeglied zwischen der Herrschaft der Salier und der Staufer. Lothar stammte aus dem sächsischen Hochadel und war ein Gegner der salischen Kaiser. Gegen seinen Vorgänger Heinrich V., von dem er 1106 das Herzogtum Sachsen verliehen bekommen hatte, kämpfte er später auf dem Schlachtfeld. Vernichtend schlagen konnte er Heinrich zwar nicht, aber es gelang ihm zumindest, seinen Einflussbereich im Norden Deutschlands so zu festigen, dass der Kaiser dort kaum noch Mitsprache geltend machen konnte. Als Heinrich V. 1125 starb, wurde Lothar nach einigem Hin und Her zum König gewählt und am 13. September vom Kölner Erzbischof in Aachen gekrönt. Das politische Zentrum Deutschlands verschob sich dadurch vom Raum Worms/Speyer nach Braunschweig. Unter den deutschen Fürsten war Lothars Herrschaft längst nicht unumstritten. Konflikte ergaben sich vor allem mit den schwäbischen Staufern, die sich als Nachfolger der salischen Kaiser sahen, zeitweise sogar einen der Ihren, Konrad, zum Gegenkönig erhoben, ihre Ansprüche aber vorerst nicht durchsetzen konnten. Zur Festigung von Lothars Herrschaft trug auch die Kaiserwürde bei. Gleich zwei konkurrierende Päpste boten sich an, ihn zu krönen: Innozenz II. und Anaklet II. Lothar gab Innozenz den Vorzug und empfing 1133 in Rom aus dessen Hand die Kaiserkrone. Als Gegenleistung für seine Unterstützung verlangte Lothar das Investiturrecht der Bischöfe zurück, allerdings ohne Erfolg. Trotzdem zog er 1136 zum zweiten Mal über die Alpen, um dem Papst gegen dessen süditalienischen Feinde beizustehen. Der Feldzug zog sich jedoch in die Länge und musste schließlich abgebrochen werden. Auf der Rückreise nach Braunschweig.starb Lothar am 4. Dezember 1137. Sein Leichnam wurde nach Königslutter gebracht und dort in der noch unvollendeten Stiftskirche St. Peter und Paul beigesetzt.

Konrad der Dritte. 1138—1152.

Er war der erste Staufer auf dem deutschen Königsthron. Und das gleich zweimal. Noch als Herzog von Franken war es ihm gelungen, die Machtposition der Staufer dort und in Schwaben so auszubauen, dass es zu einem heftigen Konflikt mit König Lothar kam. Der nämlich erhob Ansprüche auf einen Teil der Besitzungen, die die Staufer von seinem Vorgänger Heinrich V. geerbt hatten. Es kam zum Krieg, in dessen Verlauf die schwäbischen und fränkischen Adligen Konrad zum Gegenkönig ausriefen. Seine recht schwache Machtposition suchte Konrad zu verbessern, indem er 1128 nach Italien zog und sich auch dort zum König krönen ließ. Doch Lothar behielt die Oberhand, die Staufer mussten sich ihm unterwerfen, durften aber ihre Lehen und Güter behalten. Als Lothar dann im Dezember 1137 starb, sah Konrad seine Stunde gekommen. Es gelang ihm, sich gegen die mächtigen Welfen durchzusetzen, die ebenfalls Anspruch auf den Thron erhoben und den Staufern künftig in tiefer Feindschaft gegenüberstanden. Zum zweiten Mal wurde der inzwischen 45 Jahre alte Konrad zum König gewählt, diesmal rechtmäßig. Standen die ersten Jahre seiner Herrschaft ganz im Zeichen der Auseinandersetzung mit den Welfen, verhinderte später seine Teilnahme am Zweiten Kreuzzug nach Jerusalem die Lösung dringender außenpolitischer Probleme. So fand der König auch nie Gelegenheit, seine Herrschaft in Italien zu sichern und sich vom Papst zum Kaiser krönen zu lassen. Vor seiner Abreise ins Heilige Land 1147 ließ Konrad seinen Sohn Heinrich zum König wählen. Während der Abwesenheit des Vaters übernahm der Zehnjährige gemeinsam mit dem Erzbischof von Mainz die Regentschaft im Reich, starb aber schon drei Jahre später, kurz nach Konrads Rückkehr von dem gescheiterten Kreuzzug. Der Vater überlebte den Sohn nur um zwei Jahre. Konrad III. starb am 15. Februar 1152 in Bamberg, wo er auch beigesetzt wurde.

Friedrich d. Erste, d. Rotbart. 1152–1190.

Der Staufer mit dem roten Bart ist eine der schillerndsten Herrschergestalten des Mittelalters. Nach dem Tod seines Onkels Konrad III. wählten die Großen des Reichs den 30 Jahre alten Herzog von Schwaben im März 1152 zum neuen König. Der ebenfalls angetretene Sachsenfürst Heinrich der Löwe, Friedrichs Vetter und mächtiger Rivale aus dem Haus der Welfen, erhielt das Herzogtum Bayern. Das Zerwürfnis mit ihm wurde später so tief, dass Friedrich die Reichsacht über ihn verhängen ließ und Heinrich die Herzogswürde und allen Besitz verlor. Machtbewusst strebte Barbarossa, wie Friedrich seines Bartes wegen genannt wurde, von Anfang an nach der Kaiserwürde. Im Vertrag von Konstanz versprach er dem Papst militärischen Beistand gegen seine Feinde, wenn der ihn dafür zum Kaiser kröne. Das tat Hadrian IV. 1155 in Rom. Friedrich kam anschließend seinen Verpflichtungen allerdings nicht nach. Zwar zog er in den kommenden Jahren mehrfach nach Italien, doch hauptsächlich, um seine Herrschaftsansprüche gegen die nach Eigenständigkeit strebenden oberitalienischen Städte durchzusetzen. In Rom dagegen, wo es seit dem Tode Hadrians zwei konkurrierende Päpste gab, war ihm kein Erfolg beschieden. Ruhe kehrte erst ein, als Friedrich sich nach langen Kämpfen 1177 bereit erklärte, den von seinen Gegnern unterstützten Papst Alexander III. anzuerkennen und sich ihm formal zu unterwerfen. Seinen Anspruch als Führer des Abendlandes erneuerte der Kaiser noch einmal, als er sich 1189 an die Spitze des Dritten Kreuzzugs ins Heilige Land setzte. Nachdem er in Kleinasien erfolgreich gegen die muslimischen Seldschuken gekämpft hatte, ertrank Friedrich Barbarossa am 10. Juni 1190 im Fluss Salef. Herz und Eingeweide des Kaisers wurden in Tarsus beigesetzt, das Fleisch in der Peterskirche in Antiochia, seine Knochen ruhen in der Kathedrale von Tyrus.

Heinrich der Sechste. 1190—1197.

Italien spielte eine überragende Rolle im kurzen Leben des Mannes, den sein Vater, Kaiser Friedrich Barbarossa, 1169 zum König krönen ließ. Da war Heinrich gerade einmal drei Jahre alt. Später heiratete er in Mailand die elf Jahre ältere Konstanze, Erbin des Königreichs Sizilien. Um in Süditalien tatsächlich herrschen zu können, musste Heinrich, der seit 1190 alleine regierte, den Gegenspieler seiner Frau, Tankred von Lecce, ausschalten. Zuvor aber galt es, den nach dem Tod des alten Kaisers aus der Verbannung zurückgekehrten Welfen Heinrich den Löwen in seine Schranken zu weisen. Nach einem kurzen Krieg einigte man sich auf einen Kompromissfrieden, und Heinrich hatte nun endlich die Hände frei, um nach Italien zu ziehen. An Ostern 1191 ließ er sich von Papst Coelestin III. in Rom zum Kaiser krönen. Dann wandte er sich nach Sizilien, scheiterte aber auf halber Strecke an der Belagerung Neapels. Bevor Heinrich einen neuen Versuch unternehmen konnte, musste er abermals eine innenpolitische Krise überwinden – wieder gab es Streit mit den Welfen. Doch Heinrich hatte Glück: Dem österreichischen Herzog Leopold gelang es, den englischen König Richard Löwenherz gefangen zu nehmen, einen Verbündeten sowohl der Welfen als auch Tankreds von Lecce. Leopold überließ seinen prominenten Gefangenen dem Kaiser, der ihn auf Burg Trifels in der Pfalz inhaftierte. Mit dem von Richard erpressten Geld gelang es Heinrich, seine Feinde zu besiegen. Ende 1194 zog er in Palermo ein und ließ sich zum König von Sizilien krönen. Damit war Heinrich VI. auf dem Höhepunkt seiner Macht angekommen, sein Reich erstreckte sich von Dänemark bis nach Sizilien. Er war gerade dabei, einen neuen Kreuzzug ins Heilige Land vorzubereiten, als er am 28. September 1197 in Messina starb, wahrscheinlich an Malaria. Beigesetzt wurde er im Dom von Palermo.

Philipp von Schwaben. 1197—1208.

Der unerwartet frühe Tod Kaiser Heinrichs VI., der im September 1197 im Alter von erst 32 Jahren gestorben war, löste im Reich eine Regierungskrise bisher ungekannten Ausmaßes aus. Gleich drei Kandidaten stritten um seine Nachfolge: der von Heinrich VI. selbst zu seinem Erben bestimmte Sohn Friedrich, der Kaiserbruder Philipp und der Welfe Otto, ein Sohn Heinrichs des Löwen. Da Friedrich kaum drei Jahre alt war und überdies bei seiner Mutter in Italien lebte, entschied sich ein Teil der Großen des Reichs gegen ihn und wählte im März 1198 Philipp zum König. Der andere Teil der Fürsten und Bischöfe um den mächtigen Erzbischof Adolf von Köln wollte lieber den Welfen Otto auf dem Thron sehen und wählte ihn drei Monate später ebenfalls zum König (s. nächstes Kapitel). Philipp, der jüngste Sohn Friedrich Barbarossas, war ursprünglich für eine geistliche Laufbahn vorgesehen gewesen. 1195 hatte Heinrich VI. ihn zum Herzog der Toskana erhoben, ein Jahr später war er Herzog von Schwaben geworden. Zwei Könige im Reich – das bedeutete zwangsläufig Krieg. In den folgenden Jahren erwies sich mal die eine, mal die andere Seite als die stärkere, doch von 1204 an ergriffen immer mehr Fürsten und Bischöfe Partei für Philipp. 1205 wurde er noch einmal zum König gekrönt. Selbst Papst Innozenz III., der lange Philipps Widersacher Otto unterstützt hatte, war nun bereit, seine Herrschaft anzuerkennen und Philipp zum Kaiser zu krönen. Doch bevor er nach Rom aufbrechen konnte, wurde Philipp von Schwaben am 21. Juni 1208 in Bamberg vom bayerischen Pfalzgrafen Otto von Wittelsbach ermordet – möglicherweise aus Enttäuschung über eine nicht zustande gekommene Ehe mit Philipps Tochter Beatrix. Nachdem er zunächst in Bamberg bestattet worden war, ruht Philipp von Schwaben heute an der Seite seiner Mutter Beatrix von Burgund im Speyrer Dom.

Otto der Vierte. 1197—1215.

Geboren wohl um 1175 in Braunschweig, war Otto, der dritte Sohn Heinrichs des Löwen, nach dem Sturz des Vaters als Herzog von Sachsen und Bayern am englischen Königshof aufgewachsen. Seine Mutter war eine Tochter Heinrichs II. von England und die Schwester des späteren Königs Richard Löwenherz. 1196 erhob Richard, der selbst keine Kinder hatte, seinen Neffen zum Ritter und belehnte ihn mit der Grafschaft Poitou. Als dann ein Jahr später nach dem frühen Tod Heinrichs VI. der deutsche Thron vakant wurde, schlug Richard Otto als Nachfolger vor. Während eine Gruppe deutscher Bischöfe und Fürsten unter Führung des Kölner Erzbischofs Richards Empfehlung folgte und Otto zum König wählte, entschied eine Versammlung pro-staufischer Adliger sich für Philipp von Schwaben. In der nun folgenden Auseinandersetzung zwischen Welfen und Staufern erlitt Otto einen herben Rückschlag, als 1199 sein Onkel und wichtigster Verbündeter Richard Löwenherz starb. Nach und nach wandten sich nun seine Anhänger von ihm ab und ergriffen die Partei Philipps. Wäre Philipp nicht 1208 ermordet worden, hätte Otto vermutlich seine endgültige Niederlage nicht mehr abwenden können. So aber krönte ihn Papst Innozenz III. im Oktober 1209 sogar zum Kaiser. Kurz darauf kam es jedoch zum Bruch mit Innozenz, weil Otto nun auch die Herrschaft über Italien und Sizilien beanspruchte – Letzteres ein päpstliches Lehen. Der Papst exkommunizierte den Kaiser und forderte die deutschen Fürsten auf, einen neuen König zu wählen. Sie entschieden sich für Friedrich, den Sohn Kaiser Heinrichs VI., der als König von Sizilien in Süditalien herrschte. Damit war Otto IV. am Ende. Er verbrachte die letzten Jahre seines Lebens isoliert und ohne Einfluss. Am 19. Mai 1218 ist er auf der Harzburg gestorben und wenig später im Dom seiner Geburtsstadt Braunschweig beigesetzt worden.

Friedrich der Zweite. 1215—1250.

*S*tupor mundi, das Staunen der Welt – so nannten schon die Zeitgenossen Friedrich II. Erstaunlich war bereits der Weg des 1194 geborenen Sohnes Heinrichs VI. auf den römisch-deutschen Thron. Da er beim Tod des Vaters kaum drei Jahre alt war, wählten die Großen des Reichs zunächst seinen Onkel Philipp zum König, später den Welfenherzog Otto. Friedrich wuchs derweil bei seiner Mutter in Italien auf; 1198 wurde er zum König von Sizilien gekrönt. Deutschen Boden betrat er erstmals 1212, nachdem Papst Innozenz III. die deutschen Fürsten aufgefordert hatte, einen Nachfolger für Kaiser Otto IV. zu wählen. Im Dezember 1212 wurde Friedrich in Mainz zum König gekrönt, drei Jahre später noch einmal in Aachen. Dort versprach er, einen neuen Kreuzzug zu organisieren. Im Gegenzug sollte der Papst ihn zum Kaiser krönen. Daraus wurde nichts, da der neue Papst Honorius III. die Konkurrenz eines zu starken Herrschers fürchtete. Der Kreuzzug fand trotzdem statt – ohne Friedrich. Als er zu scheitern drohte, blieb dem Papst keine Wahl mehr: 1220 krönte er den Staufer in Rom zum Kaiser. Doch erst acht Jahre später löste Friedrich, der mittlerweile von Honorius' Nachfolger Gregor IX. exkommuniziert worden war, sein Versprechen ein und zog ins Heilige Land. Er erreichte die Rückgabe Jerusalems an die Kirche. Das war ein ungeheurer Erfolg. Der Papst löste den Bann. Dann begann Friedrich einen Krieg gegen die romtreuen lombardischen Städte, die sich weigerten, seine Herrschaft anzuerkennen – und wurde wieder exkommuniziert. 1245 erklärte Gregors Nachfolger Innozenz IV. Friedrich für abgesetzt. Mehrere Gegenkönige wurden gewählt, doch bis zum Tod des Kaisers konnte sich keiner von ihnen durchsetzen. Friedrich II., dessen Leidenschaft die Jagd mit Vögeln war, starb am 13. Dezember 1250 in Apulien. Sein Sarkophag aus rotem Porphyr steht im Dom von Palermo.

Rudolf von Habsburg. 1273—1291.

Mit ihm endete das sogenannte Interregnum, die „Zwischenkönigszeit". Nach dem Tod des letzten Stauferkaisers Friedrich II. im Jahre 1250 hatten die deutschen Fürsten mehrere Nachfolger gewählt, von denen jedoch keiner seine Herrschaft auf Dauer behaupten konnte. Erst 1273 konnten sich die sieben mächtigsten Großen des Reichs, die Kurfürsten, auf einen gemeinsamen Kandidaten einigen. Am 1. Oktober wählten sie Rudolf IV., Graf von Habsburg, in Frankfurt zum König, drei Wochen später krönte ihn der Erzbischof von Köln in Aachen. Nur König Ottokar von Böhmen erhob Einspruch: Als einfacher Graf sei der Habsburger ungeeignet für den Thron. Doch Rudolf war der starke Mann im Südwesten des Reichs, seine Familie herrschte im Elsass und in der Nordostschweiz. Außerdem war er den Staufern stets eng verbunden gewesen. All das gab den Ausschlag für seine Wahl. Rudolf musste den Kurfürsten versprechen, das nach dem Tod Friedrichs II. verloren gegangene Reichsgut zurückzugewinnen. Diese sogenannte Revindikation war eine der Hauptaufgaben seines Königtums, und sie brachte ihn schon bald in Konflikt mit Ottokar von Böhmen, der sich 1251 das Herzogtum Österreich angeeignet hatte. Als Ottokar sich weigerte, den Besitz freiwillig herauszugeben, kam es zum Krieg. 1278 errang Rudolf den endgültigen Sieg und sicherte sich die Herzogtümer Österreich und Steiermark sowie Kärnten und Krain. Nach dem Ende des Krieges gegen Ottokar verfolgte Rudolf erfolgreich eine Politik des allgemeinen Friedens. Weniger Erfolg hatte er bei dem Versuch, die zur Überhöhung und Absicherung seines Königtums so wichtige Kaiserwürde zu erlangen. Mehrere Päpste, die sich bereit erklärt hatten, ihn zu krönen, starben, bevor der König nach Rom ziehen konnte. Im Alter von 73 Jahren starb Rudolf von Habsburg am 15. Juli 1291 in Speyer, wo er auch beigesetzt wurde.

Adolf von Nassau. 1292—1298.

Nur sechs Jahre regierte dieser von späteren Historikern sogenannte „Schattenkönig". Dann stießen ihn – ein bis dahin einmaliger Vorgang – dieselben Kurfürsten, die ihn im Mai 1292 zum römisch-deutschen König gewählt hatten, wieder vom Thron. Nach dem Tod König Rudolfs von Habsburg hatten die Fürsten einen Nachfolger gesucht, der ihnen gestatten würde, ihre eigene Machtstellung auf Kosten der Krone weiter auszubauen. Der um 1250 geborene Graf Adolf von Nassau schien der richtige Mann für diesen Zweck zu sein. Einmal an der Macht, erwies er sich jedoch als durchaus geschickter Taktierer, der sich seinen Verpflichtungen gegenüber den Kurfürsten weitgehend entziehen konnte. Einen mächtigen Verbündeten fand er in König Eduard I. von England, dem er gegen umfangreiche Geldzahlungen Waffenhilfe gegen Frankreich versprach. Das brachte dem König zwar den Tadel des Papstes ein, er verhalte sich wie ein Söldner, erlaubte ihm aber, den Wettinern die Markgrafschaft Thüringen abzukaufen. Außerdem zog er die Markgrafschaft Meißen als Reichslehen ein. Was als prestigeträchtige Mehrung des Reichsgutes gedacht war, geriet Adolf zum Fiasko: Gleich vier Kurfürsten sahen ihre Rechte und Ansprüche in Thüringen und Meißen bedroht, darunter auch der Mainzer Erzbischof. Am 23. Juni 1298 eröffnete er ein Gerichtsverfahren gegen Adolf, in dem dieser wegen zahlreicher Verbrechen, unter anderem wegen Landfriedensbruchs in Thüringen, für seines Amtes unwürdig erklärt und ihm die Königswürde aberkannt wurde. Der Gedemütigte wollte die eigenmächtige Entscheidung der Fürsten nicht einfach hinnehmen. Am 2. Juli 1298 stellte er sich mit seinem Heer bei Göllheim in der Pfalz zur Schlacht – und unterlag. Der Leichnam des im Kampf getöteten Adolf von Nassau wurde zunächst im Kloster Rosenthal beigesetzt und später in den Dom nach Speyer überführt.

Albrecht der Erste. 1298—1308.

Eigentlich hätte der älteste Sohn König Rudolfs von Habsburg seinem 1291 gestorbenen Vater schon früher auf den Thron folgen sollen. Doch die Kurfürsten hatten sich zunächst für Adolf von Nassau entschieden, den sie leichter für ihre Zwecke manipulieren zu können glaubten. Nachdem sich diese Hoffnung als Trugschluss erwiesen hatte und Adolf in einem einmaligen Vorgang für abgesetzt erklärt worden war, wählten die Fürsten den 43 Jahre alten Albrecht 1298 schließlich doch noch zum König. Damit waren die Habsburger zurück auf dem römisch-deutschen Thron. Den Kurfürsten kamen allerdings schon bald Zweifel an ihrer Entscheidung. So fürchteten sie unter anderem, Albrecht könne sich vom französischen König Philipp IV., mit dem er 1299 ein Friedensabkommen geschlossen hatte, über den Tisch ziehen lassen. Auch dass sein Sohn Rudolf als Erbe der Krone in Frage kam, war den Fürsten ein Dorn im Auge. Einige von ihnen schlossen sich deshalb zusammen und erhoben sich gegen den König, wurden aber von ihm geschlagen. Zur Sicherung seiner Herrschaft trug auch Albrechts Anerkennung durch Papst Bonifaz VIII. im Jahre 1303 bei. Der Papst, der sich bei der Wahl des neuen Königs übergangen fühlte, hatte seine Zustimmung zunächst verweigert, dann aber – gegen verschiedene Zugeständnisse – doch noch gegeben. In ruhigeres Fahrwasser gerieten die letzten Jahre von Albrechts kurzer Herrschaft dennoch nicht. Sowohl im Königreich Böhmen, wo kurzzeitig sein Sohn Rudolf regiert hatte, ehe er unerwartet starb, als auch in Thüringen, wo die Wettiner zurück an die Macht drängten, war das militärische Eingreifen des Königs gefragt. Beide Konflikte blieben ungelöst, denn am 1. Mai 1308 wurde Albrecht von Österreich von seinem Neffen Johann von Schwaben wegen angeblich unerfüllter Erbansprüche ermordet. Er liegt begraben im Speyrer Dom.

Heinrich der Siebente. 1308—1313.

Der um 1278 geborene Heinrich war der erste römisch-deutsche Herrscher aus dem Hause Luxemburg. Zugleich war er der erste Monarch seit fast 100 Jahren, der auch wieder die römische Kaiserwürde erlangte. Nach dem gewaltsamen Tod seines Vorgängers Albrecht von Österreich wählten die Kurfürsten (mit Ausnahme des Königs von Böhmen) ihn im November 1308 in Frankfurt zum König. Da Heinrich als Graf von Luxemburg über keine den deutschen Herzögen vergleichbare Machtgrundlage verfügte, war ihm daran gelegen, im Einvernehmen mit den Großen des Reichs zu regieren. Bedeutsam war vor allem die Verständigung mit den Habsburgern. Ihnen überließ Heinrich die Markgrafschaft Mähren zum Ausgleich für sein Vorgehen in Böhmen. Dort hatte er 1310 Heinrich von Kärnten als König für abgesetzt erklärt und die böhmische Krone seinem Sohn Johann aufgesetzt. Das war ein großer Erfolg für die Luxemburger, der ihre Stellung im Reich nachhaltig stärkte. Noch wichtiger als der böhmische Coup war für Heinrich aber die Kaiserkrone. Bevor er im September 1310 nach Rom aufbrach, hatte er diplomatische Vorbereitungen getroffen, um in Italien nicht zwischen die Fronten der miteinander streitenden Parteien der Guelfen und Ghibellinen zu geraten. Doch genau das passierte, und erst nach schweren Kämpfen konnte Heinrich im Frühjahr 1312 in die Ewige Stadt einziehen. Auch hier traf er auf feindliche Truppen, die ihm den Weg nach St. Peter versperrten, so dass die vom französischen Papst Clemens V. aus Avignon entsandten Kardinäle ihn im Lateran zum Kaiser krönen mussten. Statt nach Deutschland zurückzukehren, wandte er sich nun der Bekämpfung seines Hauptgegners, König Robert von Neapel-Sizilien, zu. Dabei erkrankte Heinrich an Malaria und starb am 24. August 1313 in Buonconvento nahe Siena. Sein Leichnam wurde nach Pisa überführt und im dortigen Dom beigesetzt.

Friedrich der Schöne. 1314—1330.

Der Schöne, wie Friedrich von Österreich auch genannt wird, kam 1289 in Wien als Sohn des späteren Königs Albrecht zur Welt. Nach dessen Ermordung im Jahr 1308 übernahm Friedrich die Herzogtümer Österreich und Steiermark, während der Luxemburger Graf Heinrich zum römisch-deutschen König gewählt wurde. Nach Heinrichs frühem Tod fünf Jahre darauf eröffnete sich für Friedrich die Chance, doch noch den Thron seines Vaters zu besteigen und die Herrschaft der Habsburger im Reich wiederherzustellen. Allerdings gab es einen weiteren Bewerber um die Krone: Friedrichs Vetter Ludwig von Bayern. Bei der Wahl im Oktober 1314 stimmten vier der sieben Kurfürsten für Ludwig und nur drei für Friedrich. Dennoch ließ Friedrich sich wenig später in Bonn vom Kölner Erzbischof zum König krönen – so wie sein Vetter am gleichen Tag in Aachen. Die Folge war ein jahrelanger Krieg um die Macht, der erst zu Ende ging, als Friedrichs Heer im September 1322 in der Schlacht bei Mühldorf am Inn von Ludwig vernichtend geschlagen wurde. Friedrich wurde Ludwigs Gefangener – drei Jahre lang saß er auf der Burg Trausnitz in der Oberpfalz in Haft. Dann geschah etwas, womit niemand gerechnet hatte: Ludwig ließ Friedrich frei und bot ihm an, künftig gemeinsam zu regieren. Natürlich war Eigennutz im Spiel: Nur mit Unterstützung der mächtigen Habsburger glaubte Ludwig sich gegen seine inneren und äußeren Gegner durchsetzen zu können. Friedrich willigte trotzdem ein, und so kam es zum einzigen einvernehmlichen Doppelkönigtum in der Geschichte des Heiligen Römischen Reichs. Es hatte Bestand bis zu Friedrichs Tod. Der Habsburger Teilkönig starb am 13. Januar 1330 auf Schloss Gutenstein in Österreich. Zunächst im von ihm selbst gestifteten Kloster Mauerbach beerdigt, fand er seine endgültige Ruhestätte Ende des 18. Jahrhunderts im Wiener Stephansdom.

Ludwig der Bayer. 1314—1347.

Der erste Wittelsbacher auf dem römisch-deutschen Thron musste um seine Krone kämpfen. Bei der Königswahl im Oktober 1314 erhielt der 1282 in München geborene Ludwig vier, sein Vetter, der österreichische Herzog Friedrich, drei Stimmen der in Frankfurt versammelten Kurfürsten. Die Kontrahenten suchten die Entscheidung auf dem Schlachtfeld. Acht Jahre sollte es dauern, bis Ludwig 1322 Friedrichs Truppen endgültig besiegen konnte. Der Österreicher wurde zum Gefangenen seines Vetters. Der aber geriet bei dem Versuch, seine neugewonnene Macht auszubauen, in Konflikt mit den Habsburgern und anderen Reichsfürsten einerseits, mit Papst Johannes XXII. andererseits. Da tat Ludwig etwas für damalige Verhältnisse geradezu Sensationelles: Er versöhnte sich mit Friedrich, der bis zu seinem Tod 1330 als Mitkönig regierte, und schmiedete eine Koalition der Großen gegen den Papst, der die Rechte des Reichs in Oberitalien für sich beanspruchte. 1328 zog Ludwig in Rom ein, wo er sich von zwei Bischöfen zum Kaiser krönen ließ und Johannes XXII. für abgesetzt erklärte. 1338 erreichte er sogar die verfassungsrechtliche Unabhängigkeit des Kaisertums von der Kirche: Die Kurfürsten beschlossen, dass der von ihnen gewählte römisch-deutsche König zugleich Kaiser sein sollte – die Zustimmung des Papstes war nicht länger erfoderlich. Diesen Erfolg machte Ludwig in den letzten Jahren seiner Herrschaft teilweise wieder zunichte, indem er versuchte, die Macht seines Hauses auf Kosten anderer zu vergrößern. Die Fürsten wandten sich gegen ihn und wählten 1346 den Luxemburger Karl IV. zum Gegenkönig. Damit endete Ludwigs Herrschaft, wie sie begonnen hatte. Nur zum Kampf ist es nicht mehr gekommen: Ludwig der Bayer starb am 11. Oktober 1347 in der Nähe des Klosters Fürstenfeldbruck an einem Herzinfarkt. Sein Grab befindet sich in der Münchner Frauenkirche.

Karl der Vierte. 1347—1378.

Geboren 1316 in Prag als Sohn des böhmischen Königs Johann von Luxemburg, wuchs Karl am Hof seines Onkels, des Königs von Frankreich, auf. Dort lernte er Pierre Roger kennen, den späteren Papst Clemens VI. Dessen Unterstützung war es zu verdanken, dass die deutschen Kurfürsten Karl 1346 als Gegenkönig zu dem in Ungnade gefallenen Ludwig dem Bayern wählten. Ludwig starb im Jahr darauf, doch tauchte 1349 ein weiterer Gegenkönig in Gestalt Günthers von Schwarzburg auf. Er konnte Karl nicht weiter gefährlich werden und starb kurze Zeit später. Die ersten Jahre von Karls Alleinherrschaft wurden überschattet vom schrecklichen Wüten der Pest und den damit einhergehenden Judenverfolgungen, denen der König tatenlos zusah. Nachdem diese Krise überwunden war, ging Karl daran, seine Herrschaft durch umsichtige Diplomatie und geschickte Heiratspolitik zu mehren. Auf dem Höhepunkt seiner Macht trug er die deutsche, böhmische, italienische und burgundische Krone – und die des römischen Kaisers, die er an Ostern 1355 empfing. Das bekannteste Projekt seiner Regierungszeit war freilich die Reform der Reichsverfassung in Gestalt der Goldenen Bulle. Dieses Dokument, das als „Reichsgrundgesetz" bis 1806 Bestand hatte, regelte unter anderem die Wahl des Königs durch die sieben namentlich genannten Kurfürsten. Damit wurde der jahrhundertealte Brauch der Königswahl erstmals in eine verbindliche Rechtsvorschrift gegossen. Der so gewählte Monarch sollte zugleich Anspruch auf die Kaiserkrone haben – ohne dass es dazu der Zustimmung des Papstes bedurfte. Die Festlegung auf das Wahlverfahren schloss jedoch nicht aus, dass auch künftig ein Herrscher selbst seinen Nachfolger bestimmte. So hielt es auch Karl, der 1376 seinen Sohn Wenzel zum König wählen ließ. Zwei Jahre später, am 29. November 1378, starb Karl IV. in Prag und wurde im Veitsdom bestattet.

Günther von Schwarzburg. 1349.

Seine Herrschaft ist nicht mehr als eine Fußnote in der tausendjährigen Geschichte des römisch-deutschen Reichs. Gleichwohl zeigt sie, wie erbittert die beherrschenden Dynastien des Spätmittelalters – Habsburger, Wittelsbacher und Luxemburger – um die Macht im Reich rangen. Nachdem es den Luxemburgern mit päpstlicher Hilfe gelungen war, Karl IV. als Gegenkönig zu Ludwig dem Bayern wählen zu lassen, suchten die Wittelsbacher verzweifelt nach einem geeigneten Kandidaten, um es den Rivalen mit gleicher Münze heimzuzahlen. Nach dem Tod Ludwigs des Bayern 1347 waren sie zunächst an den englischen König Eduard, dann an den Thüringer Landgrafen Friedrich herangetreten. Beide hatten abgewunken. Der 44 Jahre alte Graf Günther von Schwarzburg war nur die dritte Wahl. Wie schon sein Vater hatte er lange im Dienst Ludwigs des Bayern gestanden und erklärte sich nun bereit, gegen Karl IV. anzutreten. Am 30. Januar 1349 ließ er sich mit den Stimmen der Kurfürsten von Mainz, der Pfalz, Brandenburg und Sachsen in Frankfurt zum König wählen. Günther begründete seinen Herrschaftsanspruch unter anderem damit, dass er „am rechten Ort", nämlich in Frankfurt, gekürt worden sei, während Karl sich in Bonn habe wählen lassen. Diesen vermeintlichen Vorteil machte die luxemburgische Diplomatie allerdings schnell zunichte: Nach und nach fielen seine Verbündeten von Günther ab und liefen auf Karls Seite über. Als dann auch noch bei einem Treffen der Heere bei Eltville am Rhein Günthers Mannen die Flucht ergriffen, blieb ihm nichts anderes übrig, als seine Pläne aufzugeben. Im Vertrag von Eltville verzichtete er auf die Königswürde. Dafür erhielt er eine finanzielle Entschädigung und eine Amnestie für seine Anhänger. Nur wenige Wochen später, am 14. Juni 1349, starb Günther von Schwarzburg in Frankfurt. Dort im Dom liegt er auch begraben.

Wenzel. 1378—1400.

Fünfzehn Jahre alt war er, als er 1376 auf Wunsch seines Vaters Karl IV. zum römisch-deutschen König gewählt wurde. Karl hatte viel Mühe und Geld darauf verwandt, den Kurfürsten die Entscheidung für seinen Sohn schmackhaft zu machen, der von 1378 an alleine das Reich regieren sollte. Da konnte freilich noch keiner ahnen, dass Wenzel, der den wenig schmeichelhaften Beinamen „der Faule" trug, einst wegen Unfähigkeit von ebendiesen Kurfürsten wieder vom Thron gestoßen werden würde. Schon bald nach dem Beginn seiner Herrschaft verlor er das Interesse an den komplizierten Details der Reichspolitik und zog sich mehr und mehr in sein Königreich Böhmen zurück. Dabei gab es durchaus drängende Probleme zu lösen. In Süddeutschland etwa eskalierte ein Streit zwischen Fürsten und Städten um Unabhängigkeit und Privilegien. Wenzel griff erst nach langem Zögern ein und erreichte 1389 den Landfrieden von Eger, einen keine Seite sonderlich zufriedenstellenden Kompromiss. Im großen Papstschisma legte er sich zwar früh auf den römischen Kandidaten fest, vermied aber eine Konfrontation mit dem von Frankreich unterstützten Gegenpapst in Avignon – der Kirchenstreit blieb ungelöst. Unklar war auch die Zielrichtung von Wenzels Bündnispolitik. Mal favorisierte er eine Anlehnung des Reichs an Frankreich, dann wieder verhandelte er mit England. Wohl um 1397 begannen die Kurfürsten erstmals über eine Absetzung des Königs nachzudenken. Drei Jahre sollte es dauern, bis ein Nachfolger gefunden war: Im August 1400 wählten die Fürsten einen der ihren, den Pfalzgrafen Ruprecht, zum König. Zuvor hatten sie Wenzel als „unnützen, schädlichen und unwürdigen" Herrscher für abgesetzt erklärt. Dennoch herrschte Wenzel bis zu seinem Tod am 16. August 1419 weiter als König von Böhmen, auch dort heftig umstritten. Er wurde wie sein Vater im Prager Veitsdom beigesetzt.

Ruprecht von der Pfalz. 1400—1410.

Unter den vier kurfürstlichen Stimmen, mit denen Ruprecht am 21. August 1400 in Rhens zum römisch-deutschen König gewählt wurde, war auch seine eigene. Als Ruprecht III. von der Pfalz gehörte der 1352 in Amberg Geborene seit zwei Jahren dem erlauchten Siebenerkreis der Kurfürsten an und war maßgeblich an der Absetzung seines Vorgängers Wenzel beteiligt. Nicht lange nach seiner Thronbesteigung zog Ruprecht mit einem kleinen Heer nach Italien, um neue Bündnisse zu schließen und sich in Rom zum Kaiser krönen zu lassen. Das Unternehmen scheiterte jedoch kläglich, und der unter argem Geldmangel leidende König, der später sogar seine Krone verpfändet haben soll, musste unverrichteter Dinge nach Deutschland zurückkehren. Erfolgreicher verlief dagegen Ruprechts dynastische Politik. 1402 heiratete sein Sohn Ludwig die englische Königstochter Blanca. Das brachte zum einen 100.000 Gulden Aussteuer in die leere Staatskasse und stärkte zum anderen die Bindung des Reichs an England. Gemeinsam unterstützte man den römischen Papst in der Schismafrage, und die im Gegenzug gewährte Anerkennung von Ruprechts Königtum durch Bonifaz IX. festigte seine Stellung im Reich zusätzlich. Trotzdem gelang es Ruprecht nicht, sein Ziel eines dauerhaften Landfriedens zu erreichen. 1405 schlossen sich unter der Führung des Mainzer Erzbischofs Johann II. zahlreiche Städte und die Grafen von Württemberg und Baden zum Marbacher Bund zusammen, um ihre Rechte und Besitzansprüche gegenüber dem König durchzusetzen. Obwohl der Bund schon bald zerfiel, blieben die Spannungen zwischen Johann und Ruprecht bestehen. Ehe es zu einer Entscheidung auf dem Schlachtfeld kam, starb Ruprecht nach kurzer Krankheit am 18. Mai 1410 auf der Festung Landskron bei Oppenheim. Sein Leichnam wurde nach Heidelberg gebracht und in der Stiftskirche zum Heiligen Geist begraben.

Siegmund. 1410—1437.

Mit ihm, einem Sohn Karls IV., kehrten die Luxemburger zurück auf den römisch-deutschen Thron. Geboren 1368 in Nürnberg, war Siegmund oder Sigismund zunächst Kurfürst von Brandenburg (das er 1388 an seinen Vetter Jobst von Mähren verpfändete) und durch Heirat seit 1387 König von Ungarn. Seine Wahl zum Nachfolger des verstorbenen Königs Ruprecht im September 1410 geriet allerdings zur Farce, da er nur drei von sieben kurfürstlichen Stimmen erhielt. Jobst von Mähren, der ebenfalls angetreten war, vereinte vier Stimmen auf sich. Er starb jedoch wenige Monate später. Sein überraschender Tod – manche sprachen von Mord – machte der verfahrenen Situation ein Ende: Sigismund konnte sich abermals wählen lassen, diesmal mit allen Stimmen. Die ersten Jahre seiner Regierung widmete der neue König, der äußerst gebildet war und mehrere Sprachen fließend beherrschte, der Überwindung des seit 1378 währenden Papstschismas. Nach vielen Reisen und zahlreichen Einzelverhandlungen mit den europäischen Monarchen gelang es ihm, alle Parteien an einen Tisch zu bringen. Das berühmte Konzil von Konstanz, das am 5. November 1414 eröffnet wurde und mit dem die Einheit der römischen Kirche wiederhergestellt wurde, gilt als größter Erfolg Sigismunds. Andere Schwierigkeiten, allen voran der Aufstand der reformatorischen Hussiten in Böhmen, ließen sich nicht so einfach lösen, und Sigismunds oft halbherziges und sprunghaftes Engagement an den verschiedenen Konfliktschauplätzen brachte ihm im Reich viel Kritik ein. Das hielt ihn aber nicht davon ab, mit allen Mitteln seine Kaiserkrönung zu betreiben, die Papst Eugen IV. schließlich 1433 in Rom vollzog. Wie sein Vater mit der höchsten weltlichen Würde ausgezeichnet, starb Sigismund vier Jahre später, am 9. Dezember 1437, im mährischen Znaim und wurde im Dom von Großwardein beigesetzt, das heute zu Rumänien gehört.

Albrecht der Zweite. 1437—1439.

Der 1397 in Wien geborene Schwiegersohn Kaiser Sigismunds aus dem Hause Habsburg wurde am 18. März 1438 in Frankfurt zum neuen König und künftigen Kaiser gewählt. Zur Krönung ist es in den zwanzig Monaten vor Albrechts unerwartet frühem Tod nicht mehr gekommen. Zwei andere von Sigismund ererbte Kronen, die von Böhmen und die von Ungarn, trug er dagegen tatsächlich – auch wenn es ihn als Landfremden einige Mühe kostete, dort seine Ansprüche durchzusetzen. In Böhmen kannte man Albrecht vor allem als erbitterten Gegner der reformatorischen Hussiten. Die hatte er an der Seite seines Schwiegervaters schon bekämpft, als er noch Herzog von Österreich war. In seinem Stammland ließ er die Juden verfolgen, weil sie angeblich mit den Hussiten gemeinsame Sache machten. Seine kurze Regierungszeit, mit der die über Jahrhunderte ununterbrochene Herrschaft der Habsburger im römisch-deutschen Reich begann, war hauptsächlich von zwei militärischen Konflikten geprägt. Den einen, mit den in Schlesien eingefallenen Polen, löste ein Waffenstillstand. Der andere, mit den Ungarn bedrohenden Türken, endete mit dem Tod des Königs. So hätte es vielleicht nicht kommen müssen. Denn nachdem die Truppen des Sultans Murad II. 1439 Serbien erobert hatten, war ungewiss, ob sie sich nun, wie von Albrecht befürchtet, auch auf Ungarn stürzen würden. Trotzdem wartete der König zwei Monate lang an der Spitze seines Heeres auf den türkischen Angriff. Doch Murads Männer hatten in Serbien vorerst genug Beute gemacht und zogen sich zurück. Als Albrecht daraufhin seine Truppen auflöste, war er schon vom Tode gezeichnet. Der im Feldlager an der roten Ruhr erkrankte König starb am 27. Oktober 1439 in Neszmély (Langendorf). Statt seinem Wunsch entsprechend im Wiener Stephansdom, wurde er in der ungarischen Krönungskirche in Stuhlweißenburg (Székesfehérvár) beigesetzt.

Friedrich der Dritte. 1440—1493.

Seine Regierungszeit von nicht weniger als 53 Jahren ist die längste aller römisch-deutschen Herrscher. Geboren 1415 in Innsbruck, wählten ihn die Kurfürsten am 2. Februar 1440 in Frankfurt als Nachfolger Albrechts II. zum König. Acht Jahre später schloss er mit Papst Nikolaus V. das Wiener Konkordat ab, mit dem das Verhältnis zwischen Reich und Kirche endlich dauerhaft geregelt wurde. Im Gegenzug krönte der Papst Friedrich 1452 als ersten Habsburger zum Kaiser des Heiligen Römischen Reichs Deutscher Nation – es sollte die letzte Kaiserkrönung durch einen Papst in Rom sein. Das Bewusstsein seiner neuen Größe fasste Friedrich in den geheimnisvollen Wahlspruch: „a e i o u" – zu übersetzen wohl mit „Alles Erdreich ist Österreich untertan". Eine geplante Reichsreform, die seine monarchischen Rechte beschnitten hätte, lehnte er ab. Gegen den Widerstand der Reichsstände – also der Kurfürsten, Fürsten und freien Städte – konnte er seinen frühabsolutistischen Herrschaftsanspruch durchsetzen, allerdings nur um den Preis mehrerer Kriege. Krieg führte Friedrich auch gegen die eigenen Verwandten um den Vorrang innerhalb des in drei Linien zersplitterten Hauses Habsburg. Außerdem gegen Herzog Karl den Kühnen von Burgund, den er 1477 besiegte, und gegen Ungarn, wo ihm in Gestalt des Königs Matthias Corvinus ein mächtiger Gegenspieler erwachsen war, dem es 1485 sogar gelang, Wien zu besetzen. Indem er sich in all diesen Konflikten behaupten konnte, legte Friedrich den Grundstein für den Aufstieg der Habsburger zu einer europäischen Großmacht. Dieser sollte schon in der nächsten Generation mit Friedrichs Sohn und Nachfolger Maximilian beginnen. Friedrich III., dem kurz vor seinem Tod noch ein Fuß amputiert werden musste, starb am 19. August 1493 in Linz. Sein Leichnam wurde auf der Donau nach Wien überführt und im Stephansdom beigesetzt.

Maximilian der Erste. 1493—1519.

Der Sohn Kaiser Friedrichs III. wurde noch zu Lebzeiten seines Vaters 1486 in Frankfurt zum römisch-deutschen König gewählt. 1493 begann seine Alleinherrschaft, doch erst 1508 nahm Maximilian auch den Titel „Erwählter Römischer Kaiser" an – ohne Krönung durch den Papst. Nicht zuletzt wegen seines chronischen Geldmangels strebte Maximilian eine Reform der Reichsverwaltung an, konnte sich damit aber trotz einiger Erfolge nicht recht durchsetzen. Die Reichsstände, die Vertreter der verschiedenen Länder und Territorien, aus denen das Heilige Römische Reich Deutscher Nation bestand, hatten wenig Interesse an einer Stärkung der königlichen Gewalt auf ihre Kosten. Das Geld zur Deckung seiner immensen Ausgaben erhielt Maximilian deshalb vor allem von seinem „Hausbankier", dem Augsburger Kaufmann Jakob Fugger. Die Fugger finanzierten auch die Italienzüge des Königs, der so seinen Führungsanspruch innerhalb der christlichen Welt untermauern wollte, dem dabei aber kein durchschlagender Erfolg beschieden war. Mehr Glück hatte er auf einem anderen Gebiet: Hatte Maximilian selbst 1477 Maria von Burgund geheiratet und so die Basis seiner Herrschaft beträchtlich erweitert, vermählte er seine Kinder mit denen Ferdinands von Aragón und Isabellas von Kastilien. Dadurch legte er, ohne es zu ahnen, den Grundstein für das spätere Weltreich seines Enkels Karl V. Schließlich war es auch eine von Maximilian angebahnte Hochzeit, die seiner Dynastie die Herrschaft über Ungarn und Böhmen sicherte. Diese erfolgreiche Heiratspolitik der Habsburger, denen vieles einfach in den Schoß zu fallen schien, worum andere Kriege führten, ist später auf die Formel gebracht worden: „Tu felix Austria nube" (Du, glückliches Österreich, heirate). Maximilian I. starb am 12. Januar 1519 in Wels und wurde – wieder fehlte das Geld – in einem bescheidenen Grab in Wiener Neustadt beigesetzt.

Karl der Fünfte. 1519—1556.

In seinem Reich, so soll Karl V. einmal gesagt haben, gehe niemals die Sonne unter. Tatsächlich übertraf es alles bisher Dagewesene: Von seinem Großvater Kaiser Maximilian I. erbte der 1500 in Gent geborene Karl die habsburgischen Länder und Burgund (Holland, Belgien, Teile Nordfrankreichs), von seinem anderen Großvater Ferdinand von Aragón das spanische Weltreich einschließlich der Kolonien in Amerika. Jetzt trug die Heiratspolitik Maximilians I. Früchte, der seinen Sohn Philipp, Karls Vater, mit der spanischen Infantin Johanna vermählt hatte. Wenige Monate nach seiner Krönung zum römisch-deutschen König im Oktober 1520 berief Karl, der nun auch den Titel „Erwählter Kaiser des Heiligen Römischen Reichs" angenommen hatte, einen Reichstag nach Worms ein. Dort kam es zu der berühmten Auseinandersetzung mit Martin Luther. Nachdem dieser dem Monarchen sein „Hier stehe ich, ich kann nicht anders" entgegengeschleudert hatte, verhängte Karl die Reichsacht über den Wittenberger Theologen. Die nun folgenden Kämpfe zwischen Reformation und Gegenreformation endeten erst 1555 mit dem Augsburger Religionsfrieden. Der Streit zog sich auch deshalb so lange hin, weil Karl gleichzeitig andere, ebenso drängende Probleme zu lösen hatte. So kämpfte er im Westen mit dem französischen König Franz I. um die Vorherrschaft in Norditalien, während im Osten die Türken das Reich bedrohten. Zermürbt von den vielen Konflikten tat Karl V. schließlich etwas, das noch kein Herrscher vor ihm getan hatte: 1556 dankte er ab und teilte sein Reich auf. Sein Sohn Philipp II. erhielt Spanien und Burgund, sein Bruder Ferdinand I. wurde Nachfolger im Heiligen Römischen Reich. Karl zog sich in das Kloster von Yuste in der spanischen Estremadura zurück, wo er am 21. September 1558 starb. Sein Leichnam wurde später in das Kloster El Escorial bei Madrid überführt.

Ferdinand der Erste. 1556—1564.

Der Bruder Kaiser Karls V. wurde am 5. Januar 1531 in Köln zum König gewählt und regierte als Karls Stellvertreter das römisch-deutsche Reich. Das war alles andere als eine einfache Aufgabe. Denn seit Martin Luther sich auf dem Reichstag in Worms 1521 geweigert hatte, seinen in den Augen der Kirche ketzerischen Thesen abzuschwören, tobte in Deutschland ein Ringen um den rechten Glauben – zuerst mit Worten, später auf dem Schlachtfeld. Die evangelischen Fürsten und Städte, die 1529 in Speyer gegen die neuerliche Verhängung der Reichsacht über Luther protestiert hatten, schlossen sich zwei Jahre später zum Schmalkaldischen Bund zusammen, um der Reformation in Deutschland notfalls mit Gewalt zum Sieg zu verhelfen. Erst 1547 gelang es Karl V., das Bündnis der sogenannten Protestanten endgültig zu zerschlagen. Der Kaiser zog sich daraufhin aus dem Reich zurück und überließ es seinem Bruder, den Ausgleich zwischen den Konfessionen zu schaffen. So wurde der 1503 in Madrid geborene, am spanischen Königshof aufgewachsene Ferdinand zum Vater des Augsburger Religionsfriedens von 1555. Er gewährte den Fürsten das Recht, in ihren Territorien selbst darüber zu entscheiden, welche Religion gelten solle – nach dem Motto: „Cuius regio, eius religio" (Wessen Land, dessen Religion). Damit stärkte Ferdinand zwar den Adel auf Kosten des Königtums, sicherte zugleich aber die deutsche Einheit. Ein Jahr nach dem Augsburger Friedensschluss dankte Karl V. ab, und Ferdinand, der seit 1521 auch Herzog von Österreich und seit 1526 König von Böhmen und Ungarn war, übernahm den Kaisertitel seines Bruders. Das ermöglichte es ihm, noch zu seinen Lebzeiten seinen Sohn Maximilian zum König wählen zu lassen. Nachdem er so seine Nachfolge geregelt hatte, starb Ferdinand I. am 25. Juli 1564 in Wien. Begraben wurde er im Veitsdom auf der Prager Burg.

Maximilian der Zweite. 1564—1576.

In seiner Person verdichteten sich beispielhaft die konfessionellen Gegensätze, von denen das römisch-deutsche Reich im 16. Jahrhundert so stark geprägt war. Obwohl der 1527 in Wien geborene Sohn des späteren Kaisers Ferdinand I. streng katholisch erzogen worden war und an der Seite seines Onkels Karl V. gegen die im Schmalkaldischen Bund zusammengeschlossenen Protestanten gekämpft hatte, hegte er zeit seines Lebens Sympathien für die Lehre Luthers. Doch weder als römisch-deutscher König, zu dem er im November 1562 gewählt wurde, noch als Nachfolger seines 1564 verstorbenen Vaters auf dem Kaiserthron durfte er sich gestatten, dieser persönlichen Neigung nachzugeben. Auch seine spanische Verwandtschaft – Maximilian war mit seiner spanischen Cousine Maria, einer Tochter Karls V., verheiratet und hatte von 1548 bis 1550 als Statthalter des Kaisers in Spanien regiert – hätte ihm einen Wechsel des Glaubens nie verziehen. 1562 musste er feierlich geloben, niemals dem katholischen Bekenntnis zu entsagen. Wie sehr ihn dieser Widerspruch gequält haben muss, zeigt sich nicht zuletzt daran, dass er sich auf seinem Sterbebett weigerte, die letzten katholischen Sakramente zu empfangen. Obwohl Maximilian selbst katholisch blieb, tolerierte er in seinen Erblanden Ober- und Niederösterreich das protestantische Bekenntnis – zumindest bei Adligen und Rittern. Das geschah freilich auch deshalb, weil er deren Hilfe im Kampf gegen die Türken brauchte, die seit Jahren schon sein Königreich Ungarn bedrohten. Mit Sultan Selim II. schloss Maximilian 1568 den Kompromissfrieden von Adrianopel. Ein großer Sieg über die Osmanen blieb ihm ebenso versagt wie die polnische Krone, um die er sich 1574 vergeblich beworben hatte. Maximilian II. starb am 12. Oktober 1576 in Regensburg und wurde an der Seite seines Vaters im Prager Veitsdom beigesetzt.

Rudolf der Zweite. 1576—1612.

Der Sohn Kaiser Maximilians II. wurde 1552 in Wien geboren und am Hof seines Onkels Philipp II. von Spanien erzogen. Bevor er seinem Vater 1576 auf den römisch-deutschen Thron folgte, war er schon zum König von Ungarn und Böhmen gewählt worden. Böhmen sollte auch das Zentrum seines Reichs sein: Kurz nach dem Antritt seiner Regierung zog er mit seinem Hof von Wien nach Prag. Dort machte Rudolf sich vor allem als Förderer der Naturwissenschaften und als Kunstmäzen einen Namen. An Politik war er dagegen nur mäßig interessiert. Eingreifen musste er, als trotz des noch von seinem Vater geschlossenen Friedens von Adrianopel wieder Kämpfe entlang der ungarisch-türkischen Grenze aufflammten. Dreizehn Jahre lang führte Rudolf Krieg gegen das Osmanische Reich. Sieger gab es keinen: 1606 wurde abermals ein Kompromissfrieden geschlossen. Problematischer für Rudolf war jedoch, dass die ungarischen Adligen sich zwischenzeitlich mit den Türken verbündet hatten, um größere Eigenständigkeit und das Recht auf freie Religionsausübung vom Kaiser zu erlangen. Beides wurde ihnen 1606 im Vertrag von Wien auch zugesichert. Den aber hatte nicht Rudolf unterzeichnet, sondern sein Bruder Matthias, Statthalter des Kaisers in Ungarn. Ob dieser Eigenmächtigkeit eskalierte nun der schon lange schwelende Zwist zwischen den Brüdern um die Macht im Hause Habsburg. Matthias marschierte an der Spitze eines Heeres nach Prag, um Rudolf mit Gewalt vom Thron zu stoßen. Das gelang ihm zwar nicht, doch der Kaiser musste ihm Österreich, Mähren und Ungarn abtreten. Böhmen konnte Rudolf vorerst halten, musste seinen Untertanen aber in einem Majestätsbrief von 1609 freie Religionswahl gewähren. 1611 verlor er dann auch dieses Gebiet an Matthias. Lediglich die Kaiserwürde blieb ihm noch. Rudolf II. starb am 20. Januar 1612 in Prag. Dort wurde er auch begraben.

Mathias. 1612—1619.

Mit seinem Bruder, Kaiser Rudolf II., hatte er lange um die Herrschaft im Hause Habsburg gekämpft und ihm zuerst die ungarische, dann auch die böhmische Königskrone entrissen. Als Rudolf im Januar 1612 starb, war für Matthias der Weg auf den römisch-deutschen Thron frei. Im Juni 1612 wählten ihn die Kurfürsten in Frankfurt zum König und Kaiser. Das Problem, das es für den neuen Herrscher am dringendsten zu lösen galt, war die konfessionelle Spaltung Deutschlands. Von Hause aus der Gegenreformation zuneigend, bemühte sich Matthias unter dem Einfluss des Wiener Bischofs Melchior Khlesl um einen Ausgleich zwischen den streitenden Parteien. Das war alles andere als einfach. Gerade erst hatten sich die evangelischen Reichsstände unter Führung der Kurpfalz zur Protestantischen Union zusammengeschlossen. Auf der anderen Seite stand die Katholische Liga mit Bayern an der Spitze. Ein vom Kaiser 1613 nach Regensburg einberufener Reichstag erwies sich als vollständiger Fehlschlag; sein Versuch, die beiden Lager durch ein gemeinsames Vorgehen gegen die Türken zu einen, scheiterte kläglich. Nicht nur in der Politik blieb dem Kaiser der Erfolg versagt: Auch die Ehe mit seiner Cousine Anna von Tirol blieb kinderlos. So reifte im Haus Habsburg der Plan, den Vetter des Kaisers, Erzherzog Ferdinand, zu Matthias' Nachfolger aufzubauen. 1617 empfing Ferdinand die böhmische, ein Jahr später auch die ungarische Krone. Als Ferdinand den Majestätsbrief Rudolfs II., der den Protestanten in Böhmen Religionsfreiheit zugesichert hatte, für ungültig erklärte, erhoben sich die protestantischen böhmischen Stände – das war der Beginn des Dreißigjährigen Krieges. Der Kaiser, praktisch bedeutungslos geworden, konnte nur zusehen. Matthias starb am 20. März 1619 im Alter von 62 Jahren in Wien und wurde als erster Habsburger in der dortigen Kapuzinergruft beigesetzt.

Ferdinand der Zweite. 1619—1637.

Ferdinand, der seit 1595 als Erzherzog die innerösterreichischen Länder Steiermark, Kärnten und Krain regierte und 1617 König von Böhmen wurde, war ein erbitterter Gegner der Reformation. Das hatte fatale Folgen. Denn noch bevor die Kurfürsten ihn am 28. August 1619 in Frankfurt zum Nachfolger des verstorbenen Kaisers Matthias wählten, hatte er den böhmischen Protestanten die Religionsfreiheit wieder genommen, die ihnen Kaiser Rudolf II. erst wenige Jahre zuvor gewährt hatte. Daraufhin erklärten die böhmischen Stände Ferdinand für abgesetzt und warfen seine Statthalter aus einem Fenster der Prager Burg. Mit dem Prager Fenstersturz begann der Dreißigjährige Krieg. Der Erfolg in diesem bald schon europäischen Konflikt war zunächst auf der Seite des Kaisers. Seinen Feldherren Tilly und Wallenstein gelang es, im Lauf der nächsten Jahre fast ganz Deutschland zu besetzen. Doch dann, 1630, auf dem Höhepunkt seiner Macht, zwangen die mit Ferdinand verbündeten Fürsten der Katholischen Liga den immer selbstherrlicher agierenden Kaiser, Wallenstein zu entlassen und einen Teil seiner Truppen zurückzuziehen. Von nun an, erst recht nach dem Einmarsch des Schwedenkönigs Gustav Adolf in Bayern 1632, begann sich das Blatt für Ferdinand zu wenden. Wallenstein wurde als Retter in der Not zurückgeholt und errang wichtige Erfolge bei Nürnberg und Lützen. Trotzdem ließ Ferdinand ihn zwei Jahre später wegen eines angeblichen Putschversuchs ächten und ermorden. Neuer Oberbefehlshaber der kaiserlichen Truppen wurde Ferdinands Sohn, sein späterer Nachfolger Ferdinand III. Dessen Wahl zum römisch-deutschen König hatte Ferdinand II. gerade noch durchsetzen können, ehe er am 15. Februar 1637 im Alter von 58 Jahren in Wien starb. Bestattet wurde er in seiner Geburtsstadt Graz in einem eigens für ihn und seine Familie errichteten Mausoleum.

Ferdinand der Dritte. 1637—1657.

Zehn Jahre alt war er, als der Dreißigjährige Krieg ausbrach, der wie kein anderes Ereignis sein Leben und seine Regierung prägen sollte. Selbst seine Wahl zum römisch-deutschen König und Kaiser wurde vom Krieg bestimmt. Von seinem Vater Ferdinand II. hatte er 1634 den Oberbefehl über die kaiserlichen Truppen erhalten. Nur kurze Zeit später errang der junge Ferdinand einen seiner größten Erfolge und siegte in der Schlacht bei Nördlingen über die mit den protestantischen Reichsständen verbündeten Schweden. Das eröffnete dem alten Kaiser nicht nur die Möglichkeit, mit dem 1635 geschlossenen Frieden von Prag den Krieg (vorübergehend) zu beenden, sondern auch, die Wahl seines siegreichen Sohnes zu seinem Nachfolger durchzusetzen. Im Dezember 1636 wurde Ferdinand III. römisch-deutscher König, drei Monate später, nach dem Tod seines Vaters, Kaiser des Heiligen Römischen Reichs Deutscher Nation. Der Krieg war inzwischen wieder ausgebrochen und wütete heftiger denn je. Die von Spanien unterstützten Truppen des Kaisers gerieten gegen die Heere der wiedererstarkten Schweden und Frankreichs in immer ärgere Bedrängnis. 1644 begannen dann endlich Friedensverhandlungen in Münster und Osnabrück. Vier Jahre dauerte es, bis die Gespräche zum Abschluss kamen. Der Westfälische Friede von 1648 besiegelte auch die Schwächung der kaiserlichen Gewalt. Der Kaiser war fortan nur noch *Primus inter Pares* im Kreis der Reichsfürsten, das Reich selbst war nun ein föderales Gebilde gleichberechtigter Partner. Die Habsburger konzentrierten sich in der Folge auf den Ausbau ihrer Machtstellung in ihren österreichischen, böhmischen und ungarischen Territorien. So entstand unter den Nachfolgern des am 2. April 1657 gestorbenen und in der Wiener Kapuzinergruft beigesetzten Kaisers Ferdinand III. allmählich eine neue Großmacht im Südosten Europas.

Leopold der Erste. 1657—1705.

Eigentlich hätte er gar nicht Kaiser werden sollen. Als Nachfolger seines Vaters Ferdinand III. war Leopolds älterer Bruder vorgesehen, der aber 1654 überraschend starb. Nun wurde Leopold zunächst König von Ungarn und Böhmen, doch im Reich stieß er auf den Widerstand der Kurfürsten. Die hielten den 1640 in Wien geborenen Kaisersohn nicht nur für zu jung, sondern fürchteten auch, er könne zu mächtig werden. Durch seine Mutter, die spanische Infantin Maria Anna, galt Leopold nämlich auch als Anwärter auf den spanischen Thron. Erst als diese Option vom Tisch war, wurde er am 18. Juli 1658 in Frankfurt zum Kaiser gewählt. Das hinderte die Kurfürsten aber nicht daran, sich sogleich mit dem französischen König Ludwig XIV. zum sogenannten Rheinbund zusammenzuschließen, um ihre Interessen gegenüber dem neuen Kaiser durchzusetzen. Erst als ihnen dämmerte, dass der Sonnenkönig das Bündnis für seine eigenen expansiven Ziele missbrauchen wollte, wandten sich einige von ihnen gemeinsam mit Leopold gegen ihn. Die Kriege gegen Frankreich endeten für den Kaiser mit Niederlagen und ungünstigen Friedensschlüssen. Auch deshalb, weil er gleichzeitig an einer zweiten Front zu kämpfen hatte: 1683 standen die in Ungarn herrschenden Türken wieder vor den Toren Wiens. Mit Hilfe deutscher und polnischer Truppen konnte der Angriff abgewehrt und ganz Ungarn nebst Kroatien, Slawonien und Siebenbürgen zurückerobert werden. Damit war die „Donaumonarchie" endgültig zur Großmacht und Leopold zu einem der mächtigsten Herrscher Europas geworden. Ein friedliches Ende war dem Literatur und Musik zuneigenden Kaiser dennoch nicht beschieden. Als Leopold am 5. Mai 1705 in Wien starb und wie auch alle Habsburger nach ihm in der Kapuzinergruft beigesetzt wurde, tobte in Europa gerade ein neuer Krieg um die spanische Thronfolge, den nun sein Sohn Joseph führen musste.

Joseph der Erste. 1705–1711.

Von seinem Vater Leopold I. erbte der 1678 in Wien geborene Joseph eine Krone und einen Krieg. Anlass dieses Konflikts, der als Spanischer Erbfolgekrieg in die Geschichte einging, war der Tod des letzten spanischen Habsburgers, König Karl II., der am 1. November 1700 ohne Erben gestorben war. Vierzehn Jahre lang balgten sich die europäischen Großmächte, allen voran Frankreich und Österreich, um seinen Thron. Dass die Habsburger bereit waren, ihre Ansprüche in Spanien auch um den Preis eines Krieges durchzusetzen, ging vor allem auf Josephs Initiative zurück, der dahingehend Einfluss auf seinen Vater nahm. Der alte Kaiser bestimmte daraufhin Josephs jüngeren Bruder Karl zum neuen spanischen Monarchen – obwohl doch der französische König Ludwig XIV. schon seinen Enkel Philipp von Anjou proklamiert hatte. Nachdem Joseph 1705 Kaiser geworden war, betraute er den bewährten Feldherrn seines Vaters, Prinz Eugen von Savoyen, mit der Führung des Krieges. Mit Hilfe der englischen und niederdeutschen Verbündeten der Habsburger gelang es Eugen, einige beachtliche, wenn auch nicht entscheidende Erfolge zu erzielen. Als verhängnisvoll erwies sich, dass der zwar als hochbegabt, aber sprunghaft und impulsiv geltende Joseph daran interessiert war, auch Italien für die Habsburger zu gewinnen. Das rief den Widerstand Papst Clemens' XI. hervor, gegen den Joseph 1708 ebenfalls in den Krieg zog, und führte zu Unstimmigkeiten mit seinem Bruder Karl, der sich lieber auf Spanien konzentrieren wollte. Der unerwartet frühe Tod Josephs half, das Problem zu lösen. Der Kaiser starb am 17. April 1711 in der Wiener Hofburg, nachdem er sich mit den Pocken infiziert hatte. Da er keinen männlichen Erben hinterließ, folgte ihm sein Bruder Karl auf den Thron des Heiligen Römischen Reichs Deutscher Nation – und gab dafür seine spanischen Ansprüche auf.

Karl der Sechste. 1711—1740.

Die Kaiserkrone des Heiligen Römischen Reichs Deutscher Nation war für ihn nur die zweite Wahl. Eigentlich wäre der 1685 in Wien geborene Karl lieber König von Spanien geworden. Doch diesen Thron beanspruchte auch der französische König Ludwig XIV. für seinen Enkel Philipp von Anjou. Also führten Österreich und Frankreich so lange Krieg gegeneinander, bis der Tod Kaiser Josephs I. in Wien das Problem löste. Denn nun musste Karl, den die Kurfürsten im Oktober 1711 in Frankfurt zum Kaiser wählten, seinem älteren Bruder auf den römisch-deutschen Thron folgen – und dafür seine spanischen Träume begraben. Keine Macht in Europa hätte es akzeptiert, dass ein Herrscher beide Kronen trug. Im Gegenzug für seinen Verzicht erhielt Karl Gebiete in den Niederlanden und in Italien, die die Großmachtstellung des Habsburgerreiches weiter festigten. Für den Kaiser ging es nun hauptsächlich darum, dieses Riesenreich zusammenzuhalten und die Thronansprüche seiner Familie zu wahren. Da ihm und seiner Frau Elisabeth-Christine von Braunschweig-Wolfenbüttel keine männlichen Nachkommen beschieden waren, verkündete der Kaiser 1713 die sogenannte Pragmatische Sanktion. Sie legte fest, dass künftig auch Töchter erbberechtigt sein sollten, und bestimmte zugleich die Unteilbarkeit der habsburgischen Länder. Es sollte Karl in den nächsten Jahren viel Mühe und Geld kosten, die Zustimmung der europäischen Großen zu dieser Regelung zu erhalten und so die Nachfolge seiner ältesten Tochter Maria Theresia in Österreich zu sichern. Allerdings gelang es dem Kaiser nicht, zugleich ihren Mann, seinen Schwiegersohn Franz Stephan, noch zu seinen Lebzeiten zum römisch-deutschen König wählen zu lassen. So war, als Karl VI. am 20. Oktober 1740 in Wien starb, alles andere als sicher, ob weiterhin ein Habsburger das Heilige Römische Reich regieren würde.

Karl der Siebente. 1742—1745.

Der erste Wittelsbacher auf dem römisch-deutschen Thron seit fast 400 Jahren war eine tragische Figur. Wäre es nach dem Willen seines Vorgängers, des Habsburgers Karl VI. gegangen, hätte der 1697 in Brüssel geborene bayerische Kurfürst Karl Albrecht niemals Kaiser werden dürfen. Doch nach dem Tod Karls VI. begann sogleich ein Krieg um das habsburgische Erbe, den kein Geringerer als der Preuße Friedrich der Große mit seinem berüchtigten Griff nach Schlesien ausgelöst hatte. Auf österreichischer Seite führte diesen Krieg die noch unerfahrene Tochter des verstorbenen Kaisers, Maria Theresia, Erzherzogin von Österreich und Königin von Böhmen und Ungarn. Ihr Mann Franz Stephan war der Wunschkandidat der Habsburger für den verwaisten deutschen Kaiserthron. Doch nun meldete, ermuntert durch den Vorstoß der Preußen, Kurfürst Karl Albrecht seinen Anspruch auf die Reichskrone an; außerdem begehrte der mit einer Cousine Maria Theresias verheiratete Wittelsbacher das Königreich Böhmen. Mit französischer Unterstützung gelang es ihm tatsächlich, sich Ende 1742 erst in Prag zum böhmischen König krönen zu lassen und wenig später auch noch in Frankfurt die römisch-deutsche Krone zu empfangen. Doch Karl VII., wie Karl Albrecht sich nun nannte, hatte die Rechnung ohne Maria Theresia gemacht. Die hatte mittlerweile mit den Preußen Waffenstillstand geschlossen und ihre Armee in München einmarschieren lassen. Der Kaiser saß machtlos in Frankfurt fest. Erst im Oktober 1744 konnte er in seine bayerische Heimat zurückkehren, nachdem Friedrich der Große zum zweiten Mal in Schlesien eingefallen war und die österreichischen Truppen dort gebraucht wurden. Noch bevor der Krieg zu Ende ging, starb der schwer unter der Gicht leidende Karl VII. am 20. Januar 1745 in München. Dort wurde er in der Fürstengruft der Theatinerkirche beigesetzt.

Franz der Erste. 1745—1765.

In den Adern des Herzogs von Lothringen und Großherzogs der Toskana floss sowohl habsburgisches als auch bourbonisches Blut. Erzogen wurde der 1708 in Nancy geborene Franz am Hof Kaiser Karls VI. in Wien, wo er auch dessen Tochter Maria Theresia kennenlernte. Nach der Hochzeit mit ihr war er der designierte Nachfolger seines Schwiegervaters auf dem römisch-deutschen Thron. Denn nach den Bestimmungen der Pragmatischen Sanktion durfte Maria Theresia ihren Vater nach dessen Tod zwar in den habsburgischen Ländern beerben, nicht aber im Reich. Als der alte Kaiser 1740 starb, konnte sich jedoch zunächst der bayerische Kurfürst Karl Albrecht als Nachfolger durchsetzen. Erst nach seinem Tod fünf Jahre später war der Weg frei für Franz von Lothringen. Am 13. September 1745 wählten ihn die Kurfürsten in Frankfurt zum Kaiser. Maria Theresia lehnte eine Teilnahme an der wenig später ebenfalls in der Stadt am Main stattfindenden Krönungszeremonie ab, da dies als eine Unterordnung unter ihren Mann hätte verstanden werden können. Gleichwohl führte auch sie von nun an den Kaisertitel. Und das mit gutem Recht: Denn nicht Franz, dessen Einfluss sich auf die habsburgische Finanzpolitik beschränkte, führte die Regierungsgeschäfte, sondern Maria Theresia. Sie wurde im Lauf der nächsten vierzig Jahre nicht nur zur mächtigsten Gegenspielerin Friedrichs des Großen, den sie allerdings weder auf dem Schlachtfeld noch durch allerlei diplomatische Winkelzüge bezwingen konnte. Sie war auch die volkstümliche Landesmutter, eine bei ihren Untertanen überaus beliebte Monarchin, die Integrationsfigur, die das bunt zusammengewürfelte Habsburgerreich so dringend benötigte. Franz I. starb fünfzehn Jahre vor Maria Theresia am 18. August 1765 in Innsbruck an den Folgen eines Schlaganfalls. Beide fanden ihre letzte Ruhestätte in der Wiener Kapuzinergruft.

Joseph der Zweite. 1765—1790.

Der Sohn Kaiser Franz' I. war ein Herrscher ohne Macht. Zumindest in den ersten fünfzehn Jahren seiner Regierung. Im Reich verfügte der Kaiser seit Beginn der Frühen Neuzeit ohnehin nur noch über begrenzten Einfluss. Joseph spielte aber, ähnlich wie sein 1765 verstorbener Vater, zunächst auch in seinen eigenen Erblanden nur eine Nebenrolle. Die Regierungsgeschäfte im Habsburgerreich führte noch immer seine Mutter Maria Theresia. Erst nach ihrem Tod im Jahre 1780 konnte der 1741 in Wien geborene und im März 1764 in Frankfurt zum Kaiser gewählte Joseph sein eigenes Programm verwirklichen. Und er tat es mit einer Vehemenz, die viele seiner Zeitgenossen überforderte. Inspiriert von den Ideen der Aufklärung, versuchte Joseph, in schneller Folge gleich ein ganzes Bündel von Reformen durchzusetzen und so den Einfluss von Adel und Kirche zu beschränken. Die meisten Neuerungen musste er jedoch wegen des Widerstands der alten Eliten später wieder zurücknehmen. Nur das Toleranzpatent von 1781, mit dem die Rechte der Protestanten und Juden gestärkt wurden, behielt seine Gültigkeit. Wenig erfolgreich war auch die Außenpolitik des Kaisers. 1772 gab er seine Zustimmung zur gewaltsamen Teilung Polens zwischen Österreich, Preußen und Russland. Einige Jahre später scheiterte sein Versuch, das Kurfürstentum Bayern in habsburgischen Besitz zu bringen, am Widerstand Preußens. 1788 musste Joseph als Verbündeter Russlands in einen Krieg gegen die Türken ziehen, bei dem es für ihn nicht viel zu gewinnen gab. Trotzdem war kaum ein Habsburger bei den Österreichern so beliebt wie der stets bescheiden auftretende Joseph II., der sich unter dem Pseudonym Graf Falkenstein immer wieder auch unters einfache Volk mischte. Geschwächt durch die Tuberkulose, die er sich im Krieg gegen die Türken zugezogen hatte, starb Joseph II. am 20. Februar 1790 in Wien.

Leopold der Zweite. 1790–1792.

Es war kein leichtes Erbe, das Leopold von seinem älteren Bruder, dem verstorbenen Kaiser Joseph II., übernahm. Dessen innenpolitisches Reformprogramm war weitgehend gescheitert, während die ohnehin schon komplizierte außenpolitische Lage durch den Ausbruch der Französischen Revolution 1789 noch schwerer beherrschbar wurde. Da erwies es sich als Glücksfall, dass mit Leopold ein Mann die Regierung im Reich und in den habsburgischen Ländern übernahm, der bereits über große politische Erfahrung verfügte. Geboren 1747 in Wien, war Leopold im Alter von 18 Jahren als Nachfolger seines Vaters Großherzog der Toskana geworden. Dort hatte er die am Boden liegende Wirtschaft wieder in Schwung gebracht und sich – unter anderem mit der Abschaffung der Todesstrafe – einen Namen als Reformer im Sinne des aufgeklärten Absolutismus gemacht. Nach seiner Wahl und Krönung in Frankfurt im Herbst 1790 kam es dem neuen Kaiser zunächst darauf an, die durch die Reformpläne seines Bruders entstandenen Unruhen im Habsburgerreich zu beenden. Das gelang rasch, und Leopold konnte seine Aufmerksamkeit den Vorgängen in Frankreich zuwenden, wo sein Schwager, König Ludwig XVI., in arge Bedrängnis geraten war. Eine militärische Intervention lehnte der Kaiser ab, weil er ahnte, dass der revolutionäre Geist mit den Mitteln des Krieges kaum zu besiegen sein würde. Außerdem erhielt Ludwig zunächst seine königliche Stellung zurück, nachdem er den Eid auf die neue französische Verfassung geleistet hatte. Die spätere Absetzung und Hinrichtung seines Schwagers und seiner Schwester Marie Antoinette erlebte Leopold nicht mehr. Nachdem es ihm noch gelungen war, eine Defensivallianz mit dem König von Preußen gegen das revolutionäre Frankreich abzuschließen, starb der Kaiser völlig unerwartet am 1. März 1792 in Wien an den Folgen einer schweren Lungenentzündung.

Franz der Zweite. 1792—1806.

Als er am 14. Juli 1792 im Frankfurter Dom zum deutschen König und „Erwählten Römischen Kaiser" gekrönt wurde, ahnte niemand, dass dies die letzte Erhebung eines Monarchen in der fast tausendjährigen Geschichte des deutschen Kaiserreichs sein würde. Franz war der 1768 in Florenz geborene älteste Sohn des verstorbenen Kaisers Leopold II. Er übernahm die Regierung zu einem Zeitpunkt, da die Revolution in Frankreich sich anschickte, die politischen Verhältnisse in Europa grundlegend zu verändern. Gegen diese Zeitläufte war der römisch-deutsche Kaiser und Erzherzog von Österreich ebenso machtlos wie die mit ihm verbündeten europäischen Monarchen. Die Kriegszüge der verschiedenen Koalitionen gegen Frankreich endeten sämtlich mit mehr oder weniger schweren militärischen Niederlagen und ruinierten die habsburgischen Finanzen. Der General Napoleon Bonaparte stieg zum mächtigsten Mann in Europa auf und machte sich daran, die Verhältnisse im Reich neu zu ordnen. Mit dem Reichsdeputationshauptschluss von 1803 enteignete er den Besitz der Kirche und entschädigte damit die deutschen Fürsten für ihre an Frankreich verlorenen Territorien. Zugleich schwächte er dadurch ganz erheblich die Stellung des katholischen Kaisers. Als Napoleon sich dann 1804 zum Kaiser von Frankreich krönte, versuchte Franz, der das Ende des Alten Reichs kommen sah, wenigstens seine habsburgischen Erblande zu retten. Mit Erlaubnis Napoleons ließ er sich im August 1804 zum Kaiser von Österreich ausrufen. Zwei Jahre lang durfte er zwei Kaisertitel führen, dann zwang ihn Napoleon zur Abdankung im Reich. Am 6. August 1806 legte Franz II. die römisch-deutsche Krone für immer nieder. Damit hörte das Heilige Römische Reich Deutscher Nation auf zu existieren. Der letzte „deutsche" Kaiser vor der Hohenzollern'schen Renaissance von 1871 starb am 2. März 1835 in Wien.

Ausgewählte Literatur

Matthias Becher, Karl der Große, München 2007

Hartmut Boockmann, Stauferzeit und spätes Mittelalter. Deutschland 1125–1517, Berlin 1998

Michael Erbe, Die Habsburger 1493–1918. Eine Dynastie im Reich und in Europa, Stuttgart 2000

Johannes Fried, Das Mittelalter. Geschichte und Kultur, München 2008

Heinz Schilling, Aufbruch und Krise. Deutschland 1517–1648, Berlin 1998

Heinz Schilling, Höfe und Allianzen. Deutschland 1648–1763, Berlin 1998

Georg Schmidt, Geschichte des Alten Reichs. Staat und Nation in der Frühen Neuzeit 1495–1806, München 1999

Bernd Schneidmüller, Die Kaiser des Mittelalters. Von Karl dem Großen bis Maximilian I., München 2007

Bernd Schneidmüller/Stefan Weinfurter (Hrsg.), Die deutschen Herrscher des Mittelalters. Historische Portraits von Heinrich I. bis Maximilian I., München 2003

Hans K. Schulze, Vom Reich der Franken zum Land der Deutschen. Merowinger und Karolinger, Berlin 1998

Hans K. Schulze, Hegemoniales Kaisertum. Ottonen und Salier, Berlin 1998

Stefan Weinfurter, Das Reich im Mittelalter. Kleine deutsche Geschichte von 500 bis 1500, München 2008

Bereits im Societäts-Verlag erschienen

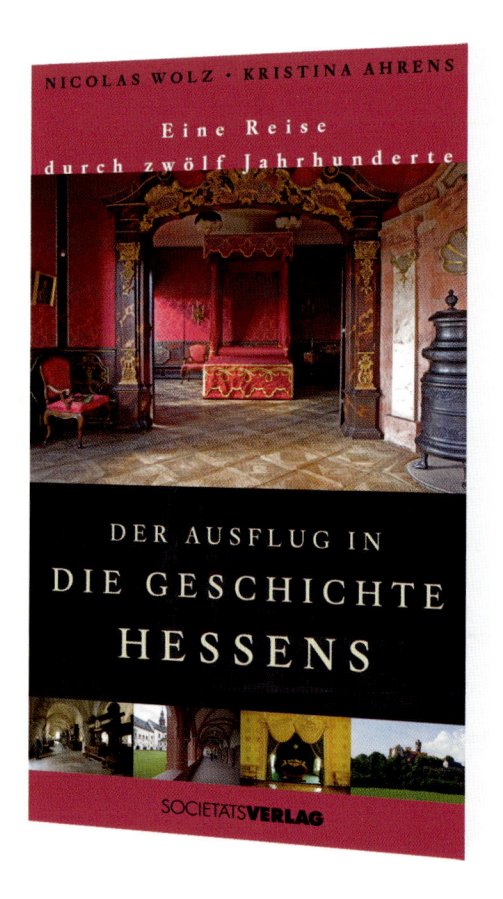

Nicolas Wolz/Kristina Ahrens
Der Ausflug in die Geschichte Hessens
Eine Reise durch zwölf Jahrhunderte
168 Seiten, Broschur mit zahlreichen Farbabbildungen
ISBN 978-3-7973-1068-2
€ 12,80

„Der Ausflug in die Geschichte Hessens"

Ob prunkvolle Lustschlösser, wehrhafte Burgen oder eindrucksvolle Klosteranlagen – Hessen ist voller Historie. Der neue Freizeitführer „Der Ausflug in Hessens Geschichte" macht eine Reise in diese Vergangenheit jetzt möglich und verführt zu romantischen Spaziergängen in alten Gemäuern oder barocken Gärten.

Der Autor Nicolas Wolz und die Fotografin Kristina Ahrens führen den Leser durch zwölf Jahrhunderte hessischer Geschichte. Ihr Buch, entstanden aus einer Serie in der Frankfurter Allgemeinen Zeitung, ist dabei zugleich unterhaltsam und informativ: Neben detaillierten Schilderungen der Sehenswürdigkeiten finden sich umfangreiche Tipps zu Anfahrtswegen, Öffnungszeiten und Eintrittspreisen.

„In ihrem soeben erschienen Buch „Der Ausflug in die Geschichte Hessens" nehmen Nicolas Wolz [...] und Kristina Ahrens [...] den Leser mit auf eine Reise in die Vergangenheit, die manchmal schon wenige Kilometer vor der eigenen Haustür beginnt." (FAZ)

„Das jackentaschengroße Bändchen gehört zu den herausragenden Regional-Reiseführern und besticht nicht zuletzt auch durch die Fotografien von Kristina Ahrens." (FNP)